湛庐 CHEERS

与最聪明的人共同进化

HERE COMES EVERYBODY

CHEERS
湛庐

The World After Capital
资本
之后的世界

[美] 阿尔伯特·温格
Albert Wenger 著

芦义 译

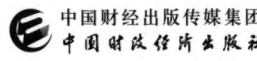

中国财经出版传媒集团
中国财政经济出版社
北京

从工业时代过渡到知识时代，你做好准备了吗

扫码加入书架
领取阅读激励

扫码获取全部测试题及答案，
预见未来，先人一步踏入
知识时代

- 资本无法帮助我们解决注意力稀缺问题，这是因为资本总是受到"看不见的手"的调控吗？（单选题）

  A. 是

  B. 否

- 未来世界的稀缺性将发生哪种转变？（单选题）

  A. 从土地稀缺转向资本稀缺

  B. 从资本稀缺转向土地稀缺

  C. 从资本稀缺转向时间稀缺

  D. 从资本稀缺转向注意力稀缺

- 人类物种面临的真正威胁不包括：（单选题）

  A. 气候变化

  B. 大流行病

  C. 经济危机

  D. 来自外太空的威胁

扫描左侧二维码查看本书更多测试题

THE WORLD
AFTER CAPITAL

推荐序一

注意力：数字荒漠中的绿洲

段永朝
苇草智酷创始合伙人
信息社会 50 人论坛执行主席

阿尔伯特·温格的这本书，书名很朴素，但很有嚼头。

《资本之后的世界》，无疑是一本关于时代的"预言书"。作为300年资本主义惊心动魄历史中的主角，"资本"与一系列关键词有关，比如财富、繁荣、垄断、冒险、贪婪、剥削、肮脏，等等。或褒或贬，资本都无可避免地成为人们谈论、思考、追逐和攫取的目标。

然而，时代正在发生剧烈的变化。资本之后的世界里，何者将走向舞台中央，成为替代资本的"文明级跃迁"的核心观念？阿尔伯特·温格的答案十分简洁：注意力。

　　阿尔伯特·温格在《资本之后的世界》中抛出了一个颠覆性的观点：人类正经历第三次文明跃迁——从工业时代迈向知识时代，而这场转型的核心矛盾已从"资本稀缺"转向"注意力稀缺"。他用一个形象的比喻说："工业时代的机器需要石油，知识时代的'机器'（人类大脑）需要注意力。"

　　温格将人类历史划分为三个关键节点——这一历史分期方法已成为众所公认的定论，即农业革命、工业革命和数字革命三个阶段。在温格的论述中，农业革命致力于解决食物稀缺问题，但催生土地争夺；工业革命致力于解决土地稀缺问题，但转向资源竞争、资本积累；数字革命则在经济繁荣、资本过剩之后，将注意力争夺变成新的战场。

　　在这场被作者称为"文明跃迁"的巨变中，从"资本"到"注意力"是数字革命驱动下的变革核心。这一跃迁的根本动力是数字技术的两大特性：其一是零边际成本，信息复制几乎免费，"知识可以喂饱世界"；其二是计算普适性，AI 能完成任何可计算任务，"创造力不再是人类专利"。零边际成本的观念，经过 20 多年互联网、移动互联网、社交网络、分享经济的洗礼，广大消费者已经耳熟能详。相比之下，"计算普适性"这一新特征，对相当一部分人来说，可能还只是个概念。

　　虽然我本人对"一切皆计算"中的"算法决定论"色彩表示反对，但"计算普适性"这个概念很好地柔化了这种色彩。未来算法、算力将扮演越来越重要的角色，这是毫无疑问的。打个比方来说，20 年前 3G 时代的消费者，很快接受了"流量费"的概念，并且个人支出的流

推荐序一
注意力：数字荒漠中的绿洲

量费很快就超过了通话费；6G之后，一个新的费种"算力费"可能呼之欲出，并超过流量费成为"计算普适性"的佐证。

温格所提的问题，进一步下探到这一波"文明跃迁"的核心：为什么数字革命的文明跃迁，是从资本转移到注意力？为什么在资本主义时代"金钱万能"的法则下，金钱买不到注意力？

温格尖锐地指出："价格机制在注意力分配面前彻底失效。"比如，气候危机的紧迫性远超公众认知，并非因为钱，而是"人类集体注意力被短视频、热搜和算法推荐劫持"。市场擅长为石油定价，却无法为"该关注什么"标价——毕竟，"没人能靠刷手机解决气候变化"。

然而，需要注意的是，温格深邃的洞察并非只是源于其敏锐的思想，还是因为他长期浸淫在硅谷，长期从事高科技风险投资、管理与科普写作，在AI再度卷土重来，在智能科技引爆全球的重要时刻，用自己的语言作出了全新的概括。就像赫拉利在著名的全球畅销书《人类简史》中所扮演的角色一样。

"注意力经济学"的概念，最早由计算机科学家、心理学家兼经济学家赫伯特·西蒙于1971年提出，当时他写到，在信息丰富的世界中，注意力是稀缺的：（在）信息丰富的世界里，信息的丰富意味着其他东西的匮乏：信息消耗的东西的稀缺。信息消耗的东西相当明显：它消耗了接收者的注意力。因此，信息丰富造成了注意力的匮乏，需要在可能消耗注意力的过多信息源之间有效地分配注意力（《为信息丰富的世界设计组织》，1971）。

西蒙指出，许多信息系统设计师错误地将他们的设计问题表示为信息稀缺而不是注意力稀缺，结果，他们构建的系统擅长向人们提供越来越多的信息，而人们真正需要的是擅长过滤不重要或不相关信息的系统。

自20世纪90年代中期以来，西蒙将"信息过载"问题描述为经济问题，这一观点在分析信息消费时越来越受欢迎，当时美国管理学家托马斯·H. 达文波特和美国粒子物理学家迈克尔·戈德哈伯等分别采用了"注意力经济"和"注意力经济学"等术语。

在过去30年互联网发展的历程中，基于注意力的交易取代传统交易成为创新经济体系争论的焦点。例如，戈德哈伯在1997年发表的《注意力经济：网络的自然经济》(*Attention Economy: The Natural Economy of the Net*) 中预言："信息过剩时代，注意力才是硬通货。"

这一洞见在随后的三次技术浪潮中不断被验证：其一是PC互联网时代（21世纪前10年）：门户网站争夺"眼球"，点击量=广告费；其二是移动互联网时代（21世纪第二个10年）：APP推送争夺"碎片时间"，人均每天屏幕使用超5小时；其三是算法霸权时代（21世纪第三个10年：TikTok用"神经劫持"设计，让用户日均刷视频达到105分钟。

对"注意力"的关注，终于到了这样一个紧要的历史时刻，再也不能将其作为一个普通的日常术语了。顺便说，1998年，我在北京举办的一场互联网高峰论坛上，以"注意力经济"为题发表演讲的时候，台下坐着雷军、周鸿祎等后世大咖，在当时.com 甚嚣尘上的年代，"注意力"与"粉丝"、"明星"效应将取代传统的营销理论的观点,在中国网民数量仅为 210 万人的那个时期,显然太超前了。

温格的思想,正是对持续 50 年的"注意力关切"的系统性回应。

法国哲学家、社会学家鲍德里亚在《消费社会》(1970) 中批判"符号消费"时,他或许没想到,今天的算法已能将"符号"精准注入每个人的注意力管道——你刷到的每条视频,都是平台对你"人性弱点"的算法解剖。

美国传播学家尼尔·波兹曼在《娱乐至死》(1985) 中警告:"电视让一切公共话语以娱乐方式呈现。"而在算法时代,问题更严峻——不是"娱乐化",而是"注意力永动机"。当 AI 能无限生成抓眼球的标题、图片、视频时,人类大脑就像"遇到糖果厂的老鼠",在多巴胺刺激中走向理性瘫痪。温格指出:"我们正在用数字技术制造一个反乌托邦——越智能的工具,越让我们失去深度思考的能力。"

人们不能忘记,15 年前大行其道的共享经济,成就了"共享经济的悖论":时间共享,注意力垄断。优步、爱彼迎等共享经济先锋,标榜着"共享闲置资源",但温格揭示了一个残酷现实:人们用"共享"换来的碎片时间,最终被平台转化为注意力商品。外卖骑手在算法调度中争分夺秒,用户则在等餐间隙刷短视频——共享经济没有解放人类,反而让注意力剥削更为隐蔽。

正是基于这样的深切体验和深入思考,阿尔伯特·温格提出了"注意力的破局之道",就是扩展"三大自由"。一是经济自由:通过从政治、经济、社会制度设计层面，大规模普及"全民基本收入"（UBI），让人从"打工糊口"中解放出来；二是信息自由：各国政府通力协作，制定全新的数字产权和数字治理体系，打破知识垄断，"维基百科式共享"应成标配；三是心理自由：用正念训练等精神生活对抗信息过载，"别让大脑变成算法的殖民地"。

温格所提的"正念训练"以保持心理自由特别富有新意。他强调："知识时代的人文主义，不是鼓励自私自利，而是通过批判性思维，让80亿人共同决定人类往何处去。"

非常巧合的是，最近几年火爆异常的"生成式人工智能"，特别是2025年春节期间全球爆燃的 DeepSeek R1，让"注意力"这个名词有了全新的内涵。

2017年，谷歌的一个团队发表了一篇划时代的论文，论文题目叫 Attention is All You Need。结合论文的内容，中文题目可以翻译成"无需旁骛，唯需专注——基于注意力机制的神经网络架构研究"，正是这篇论文所提出的"注意力机制"，彻底改变了 AI 半个多世纪的发展轨迹，成为催生 ChatGPT、DeepSeek 等诸多大语言模型的重要推手。

通俗地说，AI 大模型中的"注意力机制"，恰似人类学习中的"眼观六路、耳听八方"，这种兼顾局部与全局、贯通短期与长期的注意力机制，让 AI 仿佛瞬间跨越了认知鸿沟，拥有了超凡的计算、推理、多模态内容生成，甚至惟妙惟肖的理解、会通能力。

很自然地，在机器已经越来越逼近人类拥有的能力和智慧的时代，人类原生的注意力，还有什么独特之处吗？这也正是我在阅读这本书，看到温格提到"心理自由"时，内心由衷的赞许和会意之处。

最近有一项跟踪大学生一个学期的研究课题，内容是对比使用 AI 工具和不使用 AI 工具的学生，短期和长期学习能力和效果的变化。结果颇有意味：短期来看，使用 AI 工具可以大大提升获取高分的能力；但长期来看，过度依赖 AI 反而弱化了学生的理解力和想象力。这或许就是温格十分看重"正念训练"，以保持对注意力本身的驾驭能力的关键。

在我看来，这部书的推荐理由只有一个：这是一本写给"清醒者"的生存指南。

作者对高科技呼啸而至的数字时代作出了清醒的诊断，以深切的人文关怀戳破科技乌托邦幻觉。当硅谷大佬们高呼"元宇宙是未来"时，本书像一盆冷水："如果连现实世界的注意力危机都解决不了，虚拟世界只会是放大镜。"作者用 AlphaGo 的例子说明："AI 在围棋中展现的'创造力'，恰恰证明人类引以为傲的思维能力，可能成为首个被机器攻陷的堡垒。"

作者在书中没有空谈理论，而是给出可操作的三条转型路径，提出适合每个人的务实方案：从"打工人"到"知识创造者"。这三条方案分别是：在个人层面，用"数字断食"对抗算法，每天留出 2 小时深度思考；在社会层面，推动"知识共享协议"，让学术论文、技术专利走出高墙；在文明层面：建立"人类注意力理事会"，像管理石油储备一样规划注意力分配。

纵观全书，作者充满人文温度，立志在机器时代捍卫人性。在讨论区块链、AI时，温格始终强调："技术必须服务于扩展人性，而不是压缩它。"他呼吁重建"知识时代的人文主义"——不是否定技术，而是用技术放大人类的同理心、创造力和集体智慧。令人快慰的是，在书中读到了作者对"意义"的强调和重视。这也正是我在过去10多年里，在各个讲坛、论坛上，讨论"意义互联网"的核心问题。温格的表述是这样的："当我们能用AI诊断所有疾病时，最该治愈的其实是人类对意义的饥渴。"

在"意义"的角度，温格描绘了连接经典与未来的思想坐标。读者能在书中看到哈贝马斯"沟通理性"的当代实践、赫拉利"人类叙事"的技术解构，甚至《黑客帝国》的哲学隐喻。但它绝非学术缝合怪，而是用出租车司机都听得懂的语言，讲清"为什么你总想刷手机"背后的文明级变量。

这本书最震撼的启示在于：我们不是数字时代的原住民，而是首批面对"注意力生态崩溃"的探险者。当算法用15秒视频重塑人类神经回路时，温格像一位现代先知，提醒我们："你可以选择继续当算法的打工人，或者，成为知识时代的造物主。"

在这个意义上，《资本之后的世界》不仅是一本数字时代重要的著作，更是一份关于人类如何免于精神贫困的宣言，这个宣言中的最强音就是：在注意力荒漠中寻找绿洲。

THE WORLD
AFTER CAPITAL

推荐序二

带着知识乐观主义迈向未来

秦　朔
中国商业文明研究中心发起人
"秦朔朋友圈"发起人

"下一个大趋势是什么？"这是阿尔伯特·温格——一位年少时在自己的祖国德国爱上了计算机，后来在哈佛大学主修经济学和计算机科学，毕业后成了咨询顾问、企业家、风险投资家，还在麻省理工学院攻读了博士学位的知行合一者，经常被他人问到的问题。

这本书就是他的回答。

世界向何处去？世界会变得更糟还是更好？如何走向更好？对这样主题的图书我们并不陌生。我阅读本书时，脑子里经常跳出来比尔·盖

资本之后的世界
THE WORLD AFTER CAPITAL

茨曾经力荐的史蒂芬·平克的《当下的启蒙》[①]。平克用事实论证了"如今我们生活在人类历史上最和平的年代":如今你因雷击致死的可能性是世纪之交时的1/37;人们花在洗衣服上的时间从1920年的每周11.5小时减少到2014年的1.5小时;你死于工作岗位的可能性大大降低;全球人口的智商平均数每10年提高3分左右……

平克在这本书中还指出:"我们永远不会拥有一个完美的世界,而寻找一个完美的世界也是危险的举动。但是,如果继续运用知识来促进人类的繁荣,即将取得的进步则是无限的。"

在基本气质上,阿尔伯特·温格的这本《资本之后的世界》和平克的著作异曲同工。他们都对人类的进步趋势抱有乐观主义态度。温格在书中写道:"走回头路从来都不是一个可行的方案。在农业出现之后,我们并未继续以采集食物为主线;同样,工业革命之后我们也没保留农耕时代的生产方式(尽管农业仍然十分重要,但从事农业的人口已经大幅减少)。每次过渡都要求我们寻找新的存在的意义。当我们告别工业时代时,我们存在的意义将不再仅仅局限于拥有一份工作或进行无休止的物质消费。反之,我们需要寻找一个与知识时代相匹配的存在的意义。"

如何找到这种意义,如何帮助整个社会的民众都找到这种意义,构成了本书的主线。

---

① 史蒂芬·平克,世界顶尖思想家、认知科学家,在多个领域有着广泛的影响力。他的作品因探讨了人类心智、语言和思维的奥秘而广受读者欢迎。目前,他的《语言本能》《白板》《心智探奇》《思想本质》《当下的启蒙》《理性》等作品中文简体字版已由湛庐策划,分别由浙江教育出版社、浙江科学技术出版社等出版。——编者注

推荐序二
带着知识乐观主义迈向未来

在我看来，本书不仅具有迫切的现实意义，而且提供了一套让世界的未来变得更好的设想。

就现实而言，21世纪无疑是有史以来生产力发展和科技水平最高的世纪。2015年，193个联合国成员国通过的"2030年可持续发展议程"和17项可持续发展目标，为"人类向何处去"擘画出了前景和路径。同年12月在巴黎通过的《巴黎协定》则标志着，全球经济社会向低碳转型和绿色发展成为普遍共识。

但现实的另一面是，人类的困扰并未减少。恐怖袭击、局部战争、金融海啸、债务危机、温室效应、新冠疫情、宗教冲突、贫富分化，在在都是证明。世界气象组织报告说，2024年是有记录以来最热的一年，且是首个全球平均温度较工业化前水平升高幅度超过1.5摄氏度的年份。而就在这种背景下，2025年1月20日，特朗普就任美国总统的当天就签署行政令，再次退出《巴黎协定》。

2025年1月22日，联合国秘书长古特雷斯在达沃斯世界经济论坛年会上表示，气候变化和不受监管的人工智能扩张是人类面临的两大挑战，需要更多的关注和应对行动。对于人工智能扩张可能引发的"技术鸿沟"，尤瓦尔·赫拉利在2018年出版的《今日简史》中曾说，到2050年，由于人工智能技术的广泛应用，可能会出现一个新的阶级——"无用阶级"。因为很多人无论多么努力或聪明，都可能无法在工作中超越人工智能，从而失去工作，变成"无用阶级"。

面对这样的时代，知识界有洞见和建设性的表达，异常重要。温格显然看到了现实的严峻性，他说"气候危机的严重与迫切程度超出了绝大多数人的认知,这是我们未能投以足够注意力的直接结果",而注意力之所以不够,又是因为市场无法帮助我们更优地分配注意力,"很多我们应该关注的事项,如寻找人生目标,不存在价格,也无法用价格来衡量……最终还是要由你自己来决定如何对这一存在性问题分配注意力"。

如果只是单个个体的注意力,问题并不大。问题在于,如果整个世界的注意力完全由市场主导,很多人就会因为看到工业时代向知识时代转型中"巨大的动荡和不确定性",感到害怕,并选择支持那些主张回归过去的民粹主义政客。在温格看来,这一现象已经遍及全球。

温格将迄今为止的人类历史划分为三个阶段——农业时代、工业时代和由数字技术驱动的知识时代。农业的发展使食物的稀缺问题转变为土地的稀缺问题,工业化使稀缺的焦点从土地转移到了资本(注:本书中"资本"通常指机器和建筑物等物质资本),数字技术则使稀缺问题从资本转移至注意力。与工业机械相比,数字技术具备两大独特属性:计算能力的普适性(有潜力解决任何可解问题)和零边际成本。

这些区分本身并不新鲜。温格的创造性在于,他将知识这一概念置于整个人类发展与转型的关键地位,认为知识对于人类的进步是至关重要的,"历史上,那些未能产生足够知识来应对自身挑战的文明大多都消失了";同时,他也阐述了"唯有将扩展后的自由和坚实的人文主义价值观结合起来,我们才能安全地从工业时代过渡到知识时代"的道理。

温格认为,人类是地球上唯一发展出了知识的物种。他对知识的定义是,"知识是记录在某种媒介上,并随着时间而被不断完善的信息"。

推荐序二
带着知识乐观主义迈向未来

记录在媒介上,这让知识可以跨时空地共享。知识既包含技术和科学知识,也涵盖了艺术、音乐和文学。温格的乐观主义的来源就在于"人类能创造出解决重大问题所需的知识"。

温格为什么要强调知识和坚实的人文主义价值观的结合呢?以"火"这一人类最早掌握的技术为例,既可以取暖和烹饪,也可能焚毁森林和敌方村庄;以互联网为例,既拓宽了自由学习的途径,同时也能在全球范围内传播仇恨与谎言。为了平稳过渡到知识时代,温格提出,应当扩展三个方面的个人自由:

- 经济自由:引入全民基本收入制度,确保每个人的基本需求得到满足,而不必受到工作循环的束缚;

- 信息自由:拓宽信息和计算资源获取的渠道,以免阻碍人们参与数字知识循环;

- 心理自由:练习和鼓励正念,通过自我调节改变反应方式,在面对生活中的各种情境时,做出有洞察力且负责任的反应。

温格认为,"扩展这三个方面的自由将使注意力不那么稀缺。经济自由将解放我们当前在可自动化工作中所花费的时间。信息自由将加速知识的创造和传播。心理自由则使我们在信息泛滥的世界中能够保持理性"。

温格同时强调,"我们必须建立一套包括批判性探究精神、民主和责任感的核心价值观。这些价值观要能确保知识循环的益处普惠于整个人类，并延伸至其他物种。它们是新时代人文主义的基石，而新时代人文主义是以人类知识的存在和力量为客观基础的。在我们即将通过基因编辑和强化技术创造'超人类'，以及借助人工智能创造'新人类'的时刻，重申人文主义显得尤为重要"。他给出的一张全面的价值列表包括：团结、多样性、责任、非暴力、正念、快乐、批判、创新、乐观。

人类正站在创造"超人类"（如通过脑机接口技术而获得能力增强的人类）和"新人类"（如人工智能机器人）的门槛上。无论是"超人类"还是"新人类"都可能发展成一种超级智能。现实中的人类如何与这两种"人类"相处，是机遇也是挑战。

温格说："技术本身并不追求为人类打造一个更美好的世界——它仅仅赋予了我们这样的可能性。选择走向哪一个由新技术创造的可能世界，始终是我们的责任。"

这需要人类寻找正确的监管策略，如同在汽车时代建立起交通规则；也需要基于人文价值观的善意与自觉的选择。后者对于每个人、每个组织、每个城市和国家都很重要。

当然，温格对人类的未来充满乐观。他相信，"乐观主义远不只是一种个人偏好，它对于人类知识至关重要。创造知识的行动，无论是发明新技术还是创作新歌，本质上都是乐观的表现"。

而假如失去了乐观知识主义和人文价值观，不及时采取那些"足以避免过渡期的破坏性影响"的改变的措施，人类"很可能面临物种毁灭级别的风险"。

THE WORLD
AFTER CAPITAL

推荐序三

从资本稀缺到注意力稀缺：
AI 时代的生存法则

芦 义
Brilliant Phoenix 合伙人
前微博平台负责人

当我第一次阅读《资本之后的世界》时，最深刻触动的是作者阿尔伯特·温格所展现出的罕见前瞻性。他在 AI 大模型革命尚未显露端倪之时，就敏锐地捕捉到我们正从一个以资本为稀缺资源的时代，过渡到以注意力为核心资源的新纪元。

如今再回头看，这种洞见更加珍贵而迫切。我们不仅正在亲历温格所描绘的转型阶段，更惊人地发现这一进程已被 AI 的迅猛发展显著加速。

资本之后的世界
THE WORLD AFTER CAPITAL

从资本时代到注意力时代

长期以来，我们都生活在资本稀缺的世界之中。几乎所有经济理论与社会结构的基石，都立足于这一假设。然而，数字技术爆发式的增长正在彻底重构这个前提。

环顾四周，发达经济体中的物质资本——机器、建筑、基础设施，已相对丰裕。在数字世界里，边际成本接近于零，代码与信息的复制和分享几乎不再产生额外的成本。那么，如今我们真正缺乏的是什么？答案只有一个：注意力。

硅谷知名风险投资人和社交网络"哲学家"纳瓦尔有句名言："The currency of life isn't money. It is not even time. It's attention（人生的货币不是金钱，甚至不是时间，而是注意力。）."

我们每天醒着的时间极其有限，而在信息泛滥的时代，能够真正专注于重要事务的注意力更为稀缺。在社会层面，我们甚至难以集中精力共同应对气候危机、流行病及太空威胁等长期挑战。市场虽然能够高效地分配资本，却对如何分配人类的注意力束手无策。

AI——加速剂抑或颠覆者？

如果说温格在创作本书时只是隐约看到了冰山一角，那么现在随着大语言模型的崛起，这座巨大的冰山已经清晰可见。AI绝不仅仅是普通的数字技术，它更是知识循环的超级加速器，能以前所未有的速度学习、创造与传播知识。然而，与此同时，它也是强大的注意力竞争者。

试想一下：AI 一方面可以帮助我们快速处理庞大的信息，筛选出真正有价值的内容；但另一方面，它源源不断地生成内容，同样在争夺我们本就稀缺的注意力。这无疑是一把双刃剑。

更为深刻的是，AI 正在重塑资本与注意力之间的关系。在传统数字经济时代，尽管数据中心仍需大量资本投入，但人类依旧是创意与决策的核心。而随着通用人工智能（AGI）的兴起，资本可能再度成为决定性力量——只不过不再是传统意义上的稀缺资源，而是控制 AI 能力、塑造未来的关键所在。

人类野心的全新困境

或许更令人忧虑的是，AGI 的发展将给人类的野心带来前所未有的挑战。温格在书中强调三种自由：经济自由、信息自由与心理自由。然而，在 AGI 时代，这些自由可能面临新的威胁。

曾几何时，创业是无数人实现野心的重要途径。我曾亲眼见证许多创业者凭借自身努力改变世界。然而，当 AGI 可以胜任绝大部分创造性工作时，人类的角色又将如何定义？如果资本主导生产而人力价值大幅削减，社会流动性将何去何从？

描绘这一切并不是要传达悲观情绪，而是希望提醒每个人，技术从来都是一把双刃剑，它既能够解放人类，也可能束缚人类。关键在于，我们如何积极地面对这一切。

建立新的社会契约

温格所倡导的全民基本收入在 AI 时代显得更加迫切。如果 AI 提高了资本的回报率，却降低了劳动的价值，那么收入再分配机制就不仅仅是一种理想主义，而是必须直面的现实需求。

但我认为，仅靠全民基本收入远远不够。我们必须彻底重塑整个社会契约。如果工作不再是多数人的生活核心，我们如何定义生命的意义与价值？又该如何培养真正的创造力，而非沦为被动的内容消费者？

这已经超出了经济范畴，成为我们时代最根本的存在问题。在机器逐渐能够完成绝大多数任务的世界中，人类自身存在的意义究竟为何？

从观念转向行动

面对这些前所未有的挑战，我们不能仅止步于思考，更必须开始行动。以下是我认为的关键的几项措施：

- 我们需要设计崭新的教育模式，培养 AI 无法轻易取代的能力，如批判性思维、创造力、同理心以及协作能力。

- 我们亟需构建全新的经济制度，确保技术进步的成果能被广泛共享，而不是集中于少数人之手。

- 我们必须发展全新的社会衡量标准。GDP 不再足以衡量真正的社会进步，我们需要关注注意力的有效分配、知识创造的质量以及人类整体福祉的提升。

- 我们需要探索新的治理模式，在保护创新活力的同时防止技术被少数权力阶层所垄断。

书写人文主义的新篇章

温格在书中所强调的人文主义价值——批判性探究、民主、团结、多样性、责任感与乐观主义——不仅没有因 AI 时代而过时，反而在当今变得更加重要。

技术终究只是工具，人类的繁荣与幸福才是终极目标。数字技术与 AI 极大拓宽了人类的可能性空间，但如何利用这片新空间，最终创造一个怎样的未来，始终取决于我们自身。

我坚信，我们有能力共同创造一个知识更加丰富、注意力更具价值、每个人都能自由追求自身独特野心的世界。但这样的未来不会自动到来，它需要我们主动而坚定地携手共进。

读完《资本之后的世界》，你或许会生出更多的问题而非现成的答案。而这，正是这本书最宝贵的价值所在。它并没有提供速成的解决方案，而是给予我们一个思考的深刻框架。

在 AI 高速演进的当下，这样的框架无疑远比简单的答案更为珍贵。现在，就让我们一起思考：在资本之后、AI 时代之中，我们究竟渴望创造怎样的未来？

THE WORLD
AFTER CAPITAL

前　言

从工业时代到知识时代，
注意力稀缺正在引发巨大震荡

作为风险投资者，我经常被问到这样一个问题："下一个大趋势是什么？"当人们提出这个问题时，他们往往是想要了解技术领域的新动向，期待我会聊聊机器人技术或者虚拟现实。然而，我认为这样理解这个问题就流于表面了。这些技术趋势随着媒体对某一特定技术兴趣的增减而起伏不定，仅是炒作周期的一部分而已。相反，我的回答是："也没有什么大不了的——只不过是工业时代的终结罢了。"而这一重大转变，正是本书的讨论焦点。

《资本之后的世界》不避讳地探讨了一些非常宏大的主题。为了解释工业时代为何会结束以及接下来会发生什么，我将探讨诸如技术的本质以及它对人类的意义等问题。虽然这个论题似乎野心勃勃，但我坚信，我们正面临着一场转型，其深远性不亚于人类从农业时代过渡到工业时代的那一次，因此任何没有勃勃野心的课题都不足以将其阐述明白。

数字技术的出现让当前的转型成为可能，因此了解这种新技术的本质以及它与过往技术的不同非常关键。审视我们想要实现的目标的哲学基础也同样重要，毕竟，我们有机会决定工业时代之后的世界将何去何从。**在《资本之后的世界》中，我主张我们即将迈入知识时代，要实现这个目标，我们必须将重点放在注意力的分配上，而非资本的分配上。**

因为关于人类的存续和繁盛等至关重要的问题是无价的，所以市场无法根据价格在这些问题上来分配注意力。举例来说，气候危机的严重与迫切程度超出了绝大多数人的认知，这是我们未能投以足够注意力的直接结果。我们解决这一危机的速度将在很大程度上决定这场转型的形态。向工业时代的过渡始于 18 世纪，这个过程中发生了无数次暴力革命，直至第二次世界大战才结束，如果我们不能迅速实施重大变革，那么迈入下一个时代的过程可能会比这次还要痛苦。

工业时代向知识时代的转型已在进行中，并引发了巨大的动荡和不确定性。对于变革，许多人感到害怕，并选择支持那些主张回归过去的民粹主义政客。这一现象遍及全球。无论是 2016 年英国脱欧公投还是同年唐纳德·特朗普当选美国总统，都体现出这种倾向。尽管《资本之后的世界》是在这些事件发生之前开始编写的，它们却进一步证实了构建一个展示人类前进道路的未来导向叙事的重要性。走回头路从来都不是一个可行的方案。在农业出现之后，我们并未继续以采集食物为主

前言
从工业时代到知识时代，注意力稀缺正在引发巨大震荡

线；同样，工业革命之后我们也没保留农耕时代的生产方式（尽管农业仍然十分重要，但从事农业的人口已经大幅减少）。每次过渡都要求我们寻找新的存在的意义。当我们告别工业时代时，我们存在的意义将不再仅仅局限于拥有一份工作或进行无休止的物质消费。反之，我们需要寻找一个与知识时代相匹配的存在的意义。能够找到我自己存在的意义——通过投资初创公司推动创新，并探讨这样的转变为何发生在此时以及我们该如何应对，这让我感到无比幸运。

绝妙的是，迄今为止，我的许多人生经历都为我走到这一步奠定了基础。20世纪80年代初，在我的祖国德国，十几岁的我爱上了计算机。我开始为公司编写软件，随后在哈佛大学求学期间主修经济学和计算机科学，撰写了关于计算机交易对股价影响的毕业论文。毕业后，作为一名顾问，我深刻体会到信息系统对汽车、航空和电力行业的深刻影响。在麻省理工学院攻读博士学位期间，我完成了有关信息技术对公司组织架构影响的研究。作为企业家，我与他人合作创办了一家早期的互联网医疗公司。作为风险投资者，我幸运地投资了电商平台 Etsy、数据库 MongoDB 和云通信公司 Twilio 等提供变革性数字技术和服务的公司。

你或许会好奇，为什么作为风险投资者我会去编写这样一本书。毕竟，写书肯定会分散我寻找和管理初创公司投资的注意力。但是，与创业公司的合作让我得以窥见未来：我可以在这些趋势发展成型之前就看到它们，这为我写未来将要发生的事情提供了有利条件。同时，描绘我期待看到的未来，也将帮助我找到能够助力实现这个未来的公司。我之所以写《资本之后的世界》，是因为我的所见所感迫使我这么做，同时我也相信，写这本书使我成了一名更好的投资者。

THE WORLD
AFTER CAPITAL

目 录

推荐序一　注意力：数字荒漠中的绿洲

段永朝
苇草智酷创始合伙人
信息社会 50 人论坛执行主席

推荐序二　带着知识乐观主义迈向未来

秦　朔
中国商业文明研究中心发起人
"秦朔朋友圈"发起人

推荐序三　从资本稀缺到注意力稀缺：AI 时代的生存法则

芦　义
Brilliant Phoenix 合伙人
前微博平台负责人

前　言　从工业时代到知识时代，
　　　　注意力稀缺正在引发巨大震荡

引　言　我们正在经历第三次非线性突变　　　　　　　　001
01　数字技术普及，将人类的"可能性空间"推至
　　前所未有之境　　　　　　　　　　　　　　　　　009

第一部分　打好基础，迎接急剧扩张的未来可能性

- 02　知识是记录在媒介上且被不断完善的信息　025
- 03　乐观主义：人类能创造出解决重大问题所需的知识　029
- 04　未来世界的可能取决于我们的选择　035
- 05　没有人是一座孤岛　041
- 06　稀缺性取决于需求而非价格　047
- 07　关键稀缺资源的历史更迭　053
- 08　向知识时代过渡　059

第二部分　满足基本需求，我们已经有了足够的资本

- 09　人类的需求清单　065
- 10　马尔萨斯人口预言的缺陷　075
- 11　物质资本已不再是满足人类需求的障碍　081

第三部分　市场失灵：无法有效分配注意力

- 12　缺失关注的重要议题　095
- 13　数字技术的发展导致了注意力的误分配　103
- 14　注意力市场的两大困境　107
- 15　三大内在局限，让资本主义无法克服注意力稀缺的挑战　119
- 16　知识是驱动技术进步的永恒动力　129

第四部分 扩展人类自由，激活知识循环的无限潜力

- 17 满足个人基本需求，人们才能利用所学知识创造新的知识 　143
- 18 拓宽信息获取渠道，加速知识的创造与传播 　165
- 19 提升理性思辨能力，在知识时代自由地引导注意力 　193

第五部分 从资本转向注意力，我们将不得不再次彻底改变一切

- 20 每个人都能因正念练习而变得更好 　211
- 21 集中注意力和资源来应对人类的生存挑战 　215
- 22 以全新的民主形式迎接未来 　219
- 23 积极推动去中心化 　225
- 24 提升学习体验 　229
- 25 提倡和实践人文主义 　233

结　语　放下工业时代的旧思维，拥抱知识时代的新理念 　239

致　谢 　247
附　录 　249
参考文献 　281

资本之后的世界

人类社会正面临着又一次深刻的转型，从工业时代过渡到知识时代。

人类历史上的数次转型

狩猎采集时代 → 农业时代 → 工业时代 → 知识时代

转型期社会资源的稀缺性转变

食物稀缺 → 土地稀缺 → 资本稀缺 → 注意力稀缺

工业时代结束的标志：资本不再稀缺

现存资本能够满足人类的多种需求。其中的关键在于，我们要学会审视具体需求，并将其与无限的"欲望"明确区分开来。

注意力市场的两大困境

恶性工作循环

人们在恶化的工作循环中投入太多的注意力，因屈服于欲望不断进行炫耀性消费。

大脱钩现象

技术革新导致美国的GDP持续增长，国民家庭收入却停滞不前。

出售劳动力

消费

工作循环

知识时代的最大问题：注意力稀缺

市场可以通过价格合理分配资本，但无法合理分配注意力，因为注意力是没有价格的。这就导致人们的注意力没有被用到对人类而言真正重要的事情上，比如气候危机，经济不平等，等等。

知识时代开启的原因：数字技术的两大特征

- 计算的普适性：有潜力解决任何可解问题
- 零边际成本：每个人都能获得知识

破
滂

- 经济自由：
- 信息自由：
- 心理自由：

湛庐CHEERS 特别制作

资本本身无法解决
我们面临的这些困境

- 我们应该关注的某些领域总是缺乏相应的价格。
- 面对数字技术带来的财富及市场权力的集中趋势，资本主义的应对手段十分有限。
- 资本主义倾向于优先保障资本利益而非知识利益。

局之法：扩展三大自由度
活知识循环的无限潜力

住行全民基本收入，让人从"打工糊口"的状态中解
攻出来。

丁破垄断，推行知识共享。

E念练习，用精神的力量对抗信息过载。

创造 / 分享 / 区字

知识循环

THE WORLD AFTER CAPITAL

引　言

我们正在经历
第三次非线性突变

**唯有将扩展后的自由和
坚实的人文主义价值观结合起来,
我们才能安全地从
工业时代过渡到知识时代。**

THE WORLD AFTER CAPITAL

引 言
我们正在经历第三次非线性突变

在地球上，人类是唯一发展出了知识的物种。对于"知识"这个概念，随着讨论的深入，我们将逐步明确其定义。目前需要了解的是，人类是唯一掌握阅读和写作能力的物种，这一能力又使我们得以开发出越来越先进的技术。技术的发展扩大了"可能性空间"，例如飞机的发明使载人飞行成为现实，而可能性空间的扩展则带来了正反两面的影响。自从学会使用火——人类最早掌握的技术，技术的双面性就一直存在：我们既可以取暖和烹饪，也可能焚毁森林和敌方村庄。而如今，互联网拓宽了自由学习的途径，但同时也能在全球范围内传播仇恨与谎言。

然而，我们所处的时代具有其特殊性：**技术的非线性发展加速了可能性空间的扩张，使得过去基于外推法**①**的预测变得不再可靠。**当前的非线性变化主要源自数字技术的巨大动力，与工业机械相比，其具备了两大独特属性：**计算能力的普适性（有潜力解决任何可解问题）和零边**

---

① 外推法，借用自大气科学名词，指根据气象演变在短时间内具有一定连续性的原则，把当前趋势外延至以后一段时间的方法。——编者注

际成本（能够免费生产额外副本）。

要理解正在发生的一切，我们需要将时间轴拉长。人类历史中，先前已经遇到过两次类似的非线性突变。第一次发生在约 1 万年前的农业出现之时，采集时代结束，农业时代开启。第二次则始于大约 400 年前的启蒙运动，它推动了人类进入工业时代。

想象一下 10 万年前的采集者，让他们尝试预测农业出现后社会的模样。对他们而言，哪怕是我们认为不言自明、习以为常的事物，比如居住在建筑物里，都是难以想象的。同样，现今普遍存在的现代医学和计算机技术，在 20 世纪中叶的人们看来也无异于魔法。智能手机等强大科技的广泛可用性和便宜性，对于那个时代的人们来说也是难以预料的。

本书设定了两个目标。**首先，确认我们正处于第三次具有全球性、变革性和非线性特征的时期**。核心观点在于：每当可能性空间急剧扩张时，人类面临的关键限制便会发生改变，即为满足人类需求需解决的最基本的资源配置问题也会随之变化。具体来说，农业的发展使食物的稀缺问题转变为土地的稀缺问题，工业化又使稀缺的焦点从土地转移到了资本（在本书中，除特别说明外，资本通常指的是如机器和建筑物这样的物质资本）。现在，数字技术正使稀缺问题从资本转移至注意力。

其次，我想要探讨一种方法，这种方法可以帮助我们克服资本主义市场经济的局限性和不足之处，以便平缓地实现从工业时代到知识时代的过渡。确保这一转型平稳渡过对于人类而言至关重要，因为过往的两

引 言
我们正在经历第三次非线性突变

次转型都伴随着大量的动荡和混乱。我们已经看到，在世界各地，社会内部及不同信仰体系间的冲突日渐激烈，这助推了民粹主义和民族主义领袖的崛起。

呼啸而来的
经济奇点

THE WORLD AFTER CAPITAL

什么是注意力稀缺

在世界上一些地区，资本已不再稀缺，并且在其他地方，资本的稀缺程度也在明显下降，这被认为是资本主义的巨大成就。但是，即便是资本的关键配置机制——市场，也无法解决注意力稀缺的问题。我们在个人和集体层面上都难以合理分配注意力。比如，你花了多少注意力在朋友和家庭上，或者在思考人生的意义这类存在性问题上？再比如，作为人类，我们对于当下世界面临的重大挑战与机遇，如气候危机和太空旅行，又投注了多少关注？市场无法帮助我们更优地分配注意力，因为很多我们应该关注的事项，如寻找人生目标，不存在价格，也无法用价格来衡量，没有哪种供给和需求关系能最终决定你人生目标的"价格"。因此，最终还是要由你自己来决定如何对这一存在性问题分配注意力。

如何应对这第三次转型？在当前的非线性发展使我们难以对未来做出精确预测的情况下，社会应该立即采取哪些措施？我们需要鼓励社会和经济逐步演变的政策。另一种选择是，人为地抑制这些变化，但这样做，结果只会让它们延迟爆发。我主张为了平稳过渡到知识时代，我们应当扩展以下三个方面的个人自由：

- 经济自由：引入全民基本收入制度。
- 信息自由：拓宽信息和计算资源获取的渠道。
- 心理自由：练习和鼓励正念。

扩展这三个方面的自由将使注意力不那么稀缺。经济自由将解放我们当前在可自动化工作中所花费的时间。信息自由将加速知识的创造和传播。心理自由则使我们在信息泛滥的世界中能够保持理性。这些自由本身都具有重要意义，且相互之间还是相辅相成的。

降低注意力的稀缺性，其中的一个关键目标是改善"知识循环"的运作，这一循环是所有知识的源泉，由学习、创造和分享组成。创造更多知识对于人类的进步是至关重要的。历史上，那些未能产生足够知识来应对自身挑战的文明大多都消失了。

为了通过增强个人自由来实现集体的进步，我们必须建立一套包括批判性探究精神、民主和责任感的核心价值观。这些价值观要能确保知识循环的益处普惠于整个人类，并延伸至其他物种。它们是新时代人文主义的基石，而新时代人文主义是以人类知识的存在和力量为客观基础的。在我们即将通过基因编辑和强化技术创造"超人类"，以及借助人工智能创造"新人类"的时刻，重申人文主义显得尤为重要。

我认为，**唯有将扩展后的自由和坚实的人文主义价值观结合起来，**

引 言
我们正在经历第三次非线性突变

我们才能安全地从工业时代过渡到知识时代。尽管我对人类进步的未来潜力持乐观态度，但我对我们实现这一进步的过程持悲观看法。我们似乎执着于不惜一切代价延续工业时代，这使得剧烈变革的可能性有所增大。我希望，通过撰写这本书，能以一种微小的方式帮助我们和平地前进。

THE WORLD AFTER CAPITAL

01

数字技术普及，
将人类的"可能性空间"推至
前所未有之境

可以将零边际成本想象为一种
经济领域的奇点——在靠近这个点时,
发生了一些异常现象,
有点像数学中的除以零。

THE WORLD AFTER CAPITAL

01
数字技术普及，将人类的"可能性空间"推至前所未有之境

智能手机已成为连接着全球网络（互联网）的强大计算机，全世界有数十亿人随身携带。在这些设备上，不管是游戏娱乐还是工作办公，我们每天往往要花费很多时间。尽管数字技术正变得无处不在，但人们通常难以理解其威力背后的究竟是什么。有些人对数字技术持轻视态度，例如，他们提到 Twitter，并嘲弄其与如疫苗这样的重大发明相比不值一提。

然而，数字技术的颠覆性正变得不可忽视。以往稳固的行业，如报业和零售业，如今已经陷入挣扎，而 Facebook、苹果、亚马逊、奈飞和谷歌等数字技术公司却跻身世界最有价值企业（参考 2020 年"上市公司榜单"）。

数字技术拥有的两大特质，揭示了它为何能带来巨大的变革，将人类的可能性空间推至前所未有的广度。这两个特质就是零边际成本和计算能力的普适性。

经济奇点，零边际成本时刻的到来

一旦一条信息存在于互联网上，它就可以在网络上的任何地方被访问，而无须额外的成本。随着越来越多的人接入互联网，"网络上的任何地方"也日益等同于"世界上的任何地方"。服务器已在运行，网络连接和终端用户设备也都处于在线状态，额外复制一份信息并通过网络进行传递的成本几乎为零。用经济学的语言来说，数字拷贝的边际成本为零。这并不意味着人们不会向你收取这些信息的费用——事实上很多时候是存在费用的，但这是价格问题，并非成本问题。

零边际成本在本质上不同于以往模拟世界的任何事物，它让许多令人称奇的事情成为可能。以比萨店为例，假设你拥有一家比萨店，你可能要支付店铺租金、设备费用以及员工和自己的薪资，这些是"固定成本"，与你制作的比萨数量无关。相对地，"变动成本"则取决于制作的比萨数量。对于比萨店来说，变动成本包括水、面粉、其他食材、雇用额外工人以及加热炉子所需的能源，当生产更多比萨时，变动成本随之增加，反之则减少。

那么何谓边际成本呢？如果你每天制作 100 个比萨，边际成本则是制作第 101 个比萨所增加的成本。假设你的炉子已经热起来并有足够空间，而员工也未达到满负荷状态，那么这个额外的比萨所需的成本主要是食材成本，相对较少；如果炉子冷却了，那么制作额外的比萨的边际成本会包括重新加热炉子所需的能源成本，这可能相对较高。

从商业角度讲，只要额外的比萨售价高于边际成本，制作它就是有

01
数字技术普及，将人类的"可能性空间"推至前所未有之境

盈利的。如果已售出的比萨带来的销售收入覆盖了固定成本，那么额外的比萨销售收入超出边际成本的每一分钱都是纯利润。从社会角度讲，边际成本同样重要。只要顾客愿意支付超过边际成本的价格，就意味着每一个人都可能获得好处——商家得到固定成本的额外补贴或增加了利润，顾客则享用了他们想要的比萨。（特别注意：之所以说"可能获得好处"，是因为人们有时候可能会追求对他们并不真正有益的东西，比如体重超标的人想吃比萨。）

接着，设想一下随着边际成本从较高水平下降会发生什么。假如你的关键原料是超级昂贵的松露，导致你每个比萨的边际成本达到1 000美元，显然你卖出的比萨不会很多，那么你可能会选择使用更便宜的原料，降低边际成本到合适程度，吸引更多顾客愿意以超出你的边际成本的价格买单，从而提升销量。当你进一步通过流程和产品改进降低边际成本时，你会卖出更多的比萨。

现在想象一下，若借助某种神奇的新发明，你能以接近零的边际成本（比如，每个比萨增加1分钱）做出美味的比萨，并能瞬时送至世界任意角落。在这种情况下，你将可能卖出无数的比萨。如果每个比萨收费2分钱，那么你将在每个额外出售的比萨上赚取1分钱的利润。由于边际成本如此之低，你可能会很快垄断全球比萨市场（后文将更深入讨论这一点）。全球任何饥饿之人，只要出得起至少1分钱，都可能会购买你的比萨。从社会角度而言，最合理的售价应是你的边际成本，即1分钱：饥饿者得到满足，你的成本也得到了弥补。但作为垄断者，你不太可能会选择这么做。反之，你可能会千方百计提高利润，例如收取高于边际成本的费用、试图阻止竞争对手进入市场，甚至让人们对比萨成瘾，以此令他们消费更多。

数字技术的现状正是如此。大量的 YouTube 视频播放、大量的维基百科访问或 Waze 的大量交通报告都是零边际成本的，我们可以用信息"喂饱世界"。正如我们所设想的零边际成本比萨的情况，我们正在目睹数字垄断的崛起，以及由此带来的种种问题（有关解决方案的讨论，参见第四部分）。

大多数现有经济学都建立在边际成本高于零的假设上，因此我们并不熟悉零边际成本的概念。可以将零边际成本想象为一种经济领域的奇点——在靠近这个点时，发生了一些异常现象，有点像数学中的除以零。除了数字技术近乎垄断，我们还在收入和财富的幂律分布上看到了这样的迹象（参见第三部分）——微小的变化可能带来结果的巨大不同。此外，许多其他主要以信息为基础的行业，如金融和教育行业，也正在迅速朝着零边际成本的奇点靠拢。总的来说，**零边际成本作为数字技术的第一个特质，极大地拓宽了人类的可能性空间，导致了数字垄断的出现，但同样也有潜力给予每个人获得世界知识的通道。**

无中生有：计算也可以产生创造力

零边际成本是数字技术的特性之一，在很大程度上扩展了可能性的空间；而另一特性——计算能力的普适性，某种意义上更让人称奇。

计算机是通用机器。这里的"通用"，有其特定的含义：宇宙中能够计算的一切，在原则上都能够被当前存在的机器计算出来，只要有充足的存储空间和时间。这一点自 20 世纪中期艾伦·图灵在计算领域做出开创性研究以来，我们便已经清楚。图灵发明了一种被我们称为图灵

01
数字技术普及，将人类的"可能性空间"推至前所未有之境

机的抽象计算模型，并证明这种简单机器能够计算任何事物（Mullins, 2012；"Church-Turing thesis"，2020）。

当我提到"计算"时，指的是一个接受信息输入，执行一系列处理步骤，并产生成果输出的过程。换句话说，这就是人类大脑所做的大部分工作：它通过神经接收输入，进行一些内部处理后产生输出。原则上，数字机器能完成人类大脑能实现的所有计算。这些计算工作包括从识别人脸（输入：图像，输出：人名）这样的日常简单任务，到诊断疾病（输入：症状和检测结果，输出：鉴别诊断）这样的复杂任务。

唯有在量子效应（比如纠缠和叠加态这类量子现象造成的影响）对大脑运作至关重要时，这种"原则上可能"的限制才会凸显。这是一个备受争议的话题（Jedlicka, 2017）。量子效应不会改变原则上可以计算的东西，因为即使图灵机理论上也可以模拟量子效应，但要做到这一点需要很长时间，可能长达数百万年（Timpson, 2004）。如果大脑运作确实受量子效应影响，我们可能需要在量子计算方面取得进一步进展，才能复制大脑的一些计算能力。不过，依我看来，量子效应在人脑执行的大多数计算中可能并不关键——假设它们确实能起到一些作用。当然，未来我们可能会对物理现实有新的发现，并改变我们对计算范围的认识，但这样的情况至今尚未发生。

长期以来，计算能力的这种普适性并没有太大的实际意义，因为相较于人类，计算机显得相当"愚蠢"。这让自图灵以来坚信能够构造智能机器的计算机科学家非常挫败，因为几十年来他们一直无法将这一梦想变为现实。即便是人类认为非常容易的任务，如面部识别，也曾是计算机的一大难题。现如今，我们却拥有能够识别面孔的计算机，且其识

别能力正快速进步。

这里的一个例子是人类发现了重于空气的飞行现象：我们早就知道这一定是可能的，毕竟鸟儿比空气重却能够飞翔，但直到 1903 年莱特兄弟首次成功制造出飞机，我们才真正理解了如何飞行（"Wright Brothers"，2020）。在他们连同其他几个人成功摸索出了方法后，进展便突飞猛进——我们不仅学会了飞行，而且在短短 55 年间就实现了跨大西洋飞行：英国海外航空公司在 1958 年实现了首趟跨大西洋喷气式客机的飞行（"British Overseas Airways Corporation"，2020）。若将这段历史绘制成图表，它将是一个典型的非线性发展的示例。我们并非逐渐提高了飞行技术，而是从完全不会，然后突然之间就做得相当出色了（见图 1-1）。

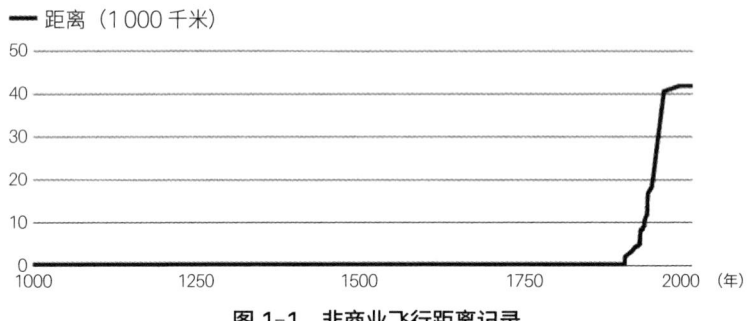

图 1-1 非商业飞行距离记录

数字技术的蜕变过程与此类似。一系列技术突破使我们从基本没有机器智能，迅速过渡到机器在多个领域（包括读写和人脸识别）上超越人类的局面（*Neuroscience News*, 2018; Phillips, et al., 2018）。机器学习驾驶汽车的速度又是一个很好的非线性发展的例子。美国国防部高级研究计划局（DARPA）在 2004 年举行了自动驾驶汽车"大挑战"，在莫

01
数字技术普及，将人类的"可能性空间"推至前所未有之境

哈韦沙漠选择了一段约 240 千米的封闭赛道，跑得最远的一辆车只走了不到 5% 的路程就卡住了。但不到 10 年后，谷歌的自动驾驶汽车已在交通繁忙的公共道路上行驶了超过 48 万千米（Urmson, 2012）。

一些人可能会反对说，读写、人脸识别或驾驶汽车并非'智能'的表现，但这只是反映出我们缺乏对智能的准确定义。毕竟，如果你的宠物狗能够完成任一项甚至所有这些任务，你无疑会称它为"智能"的狗。

还有人认为，人类拥有创造力，而即使我们承认这些机器具备某种智能，它们也不会拥有创造力。不过，这相当于在说创造力不是计算能力的一种形式。这个词意味着"无中生有"——没有投入就有产出，但这与人类创造力的本质不符。事实上，音乐家是在听过大量音乐之后才创作出了新音乐，工程师则是在见过现有机器之后才设计出了新机器，等等。

而现在，我们有证据显示，至少在某些方面，创造力可以通过计算来实现。譬如 2016 年，谷歌的 AlphaGo 程序以 4∶1 的成绩击败了韩国围棋大师李世石，这是机器智能方面的一个突破（Borowiec, 2017）。在这之前，游戏软件的进展相对缓慢，甚至最优秀的软件都无法击败资深俱乐部棋手，更别说大师了。围棋的可能走法数量极其庞大，远超过国际象棋，这意味着无法仅依靠检索可能的走法和反走法这种棋类电脑程序历来的方法，而是需要技艺上的创新和预见。换句话说，玩围棋需要创造力。

AlphaGo 程序起初是依靠在人类的棋局上训练神经网络。当神经网络水平足够高时，它又通过自我博弈得到了进一步提升。这些及其相关

技术的运用已经在音乐创作和设计创新等领域取得了进展，这些技术被称为"生成对抗网络"（GAN）。更令人惊讶的是，机器学习的创造性并非仅限于分析人类既往的游戏或设计，它们还能基于规则自己创造新内容。AlphaGo 的后续版本，AlphaGo Zero 和 AlphaZero，均是从仅掌握规则出发，通过自我博弈学习（"AlphaZero"，2020）。这种方式让机器在人类尚未或很少涉足的领域中展现出创造力。

尽管大脑所做的许多工作都是计算，包括我们通常认为具有创造性的许多任务，但大脑有一个可能永远无法通过数字机器实现的功能："主观体验"（qualia）。主观体验是哲学中的术语，指感觉到冷或热、触碰物体、紧张或惊讶时的内在体验。例如，当数字恒温器显示室温时，我们不会认为它的内在状态与我们的主观感受有何相似。机器缺乏主观体验在这个例子中非常明显，但我们认为这种缺失还可以延伸到更加复杂的情境中，例如一辆自动驾驶汽车在蜿蜒的公路上穿行，我们认为人类司机会产生兴奋或愉悦的体验，而车不会。机器缺乏主观体验这一点可能目前还只是边缘问题，但将来这可能成为人类在知识时代关注的重要议题。

零边际成本下的计算普适性

单独看来，零边际成本和计算能力的普适性本身已足够惊艳，但它们的结合更显示出令人称奇的魔力。举例来说，我们正在开发一种计算机程序，它将能够从患者的症状出发通过一系列步骤诊断疾病，包括安排检查并解读结果（Parkin, 2020）。尽管我们可能期望在普适性原则上这种情况会发生，但我们已经开始取得切实的进展，预计在未来几十年

01
数字技术普及，将人类的"可能性空间"推至前所未有之境

内，或许更早，就能实现这一目标。到那时，得益于零边际成本，我们将能够向全世界的每一个人提供低成本的诊断服务。我们需要意识到：面向全人类的免费医学诊断不久将成为可能。

零边际成本下的计算能力的普适性，与以往所有技术都不同。以往我们无法做到让全人类都有可能接触所有的信息和知识，也无法制造智能机器。但如今，这两者我们都具备了。这至少代表着人类可能性空间的戏剧性和非线性增长，就像以前的农业时代和工业时代那样，每一项进步都开创了一个全新的时代。如果我们首先打下坚实的基础，将能更明智地思考这些变革对当前过渡期和下一个时代意味着什么。

THE WORLD AFTER CAPITAL

第一部分

打好基础，
迎接急剧扩张的未来可能性

THE WORLD
AFTER CAPITAL

在数字技术根本性地扩展了我们的可能性空间的今天，如果我们希望正确理解当前的趋势和现象，就必须确立一些基本原则。这些原则将有助于我们充分开拓新的可能性空间，并挖掘它可能带来的益处，而非将技术简单地套入既有的经济和社会框架中，对其造成限制和歪曲。

后文是为我们如何建设未来奠定坚实基础的初步尝试，它基于一套明确的价值观。首先是对"知识"这一概念的简要定义——我经常使用这个词，但其含义略不同于常规理解。其次我会阐释乐观与知识之间的联系，以及选择对塑造我们的未来的重要作用。再次我将讨论知识如何为人文主义提供了客观基础，以及我为何将其区别于其他宗教和哲学叙事。戴维·多伊奇（David Deutsch）的写作，尤其是他的著作《无穷的开始》（The Beginning of Infinity），深刻影响了我在这个领域的思考。这本书探讨了解释的历史、哲学及其重要性（Deutsch, 2011）。

我还将基于人类需求而非货币和价格来定义"稀缺",并借助这一定义来展示技术如何在历史上转移了稀缺性,导致我们的生活方式发生了深刻变革。基于此,我为本书接下来的内容规划了一个蓝图。

THE WORLD AFTER CAPITAL

02

知识是记录在媒介上且被
不断完善的信息

我所指的"知识",
是人类记录在某种媒介上,
并随着时间不断完善的信息。

THE WORLD AFTER CAPITAL

02
知识是记录在媒介上且被不断完善的信息

在这里,我所指的"知识",是人类记录在某种媒介上,并随着时间不断完善的信息。这一定义包含两个核心要素。**首先是"记录在某种媒介上"**,使信息可以跨越时间和空间被共享;其次是"随着时间不断完善",这一点将知识与单纯的信息区别开来。

比如,我多年前的一次对话,如果没有被记录,就不是我所说的知识——因为那对于当时不在场的人来说是无法获取的,而且连我自己对其的记忆也将随时间淡化。但如果我将那次对话中的洞见写下,并发布在我的博客上,有可能就为人类的知识体系做出了贡献。我的博客文章能够跨越时空被不同的人访问,有些博客内容可能最终成为人类知识宝库中的重要组成部分。同样,DNA 在我们的细胞中时不符合我定义的知识,但一旦被记录为基因组序列则可以被保存、共享和分析,其中在医学上具有重大意义的基因序列,比如增加患乳腺癌风险的 *BRCA* 突变,便成了人类知识的一部分。

我有意放宽了对知识的定义,既包含了技术和科学知识,也涵盖了

027

艺术、音乐和文学。但它不包括那些短暂存在或不可改进的内容。例如，现代计算机产生了海量的信息垃圾，它们不会被进一步分析或纳入逐步改善的过程，就不能被视为知识。当我在书中的后续章节和整体论述中使用知识这一术语时，如此进行定义的原因将逐渐显现。

> # THE WORLD AFTER CAPITAL

03

乐观主义：
人类能创造出解决重大问题
所需的知识

创造知识的行动,
无论是发明新技术还是创作新歌,
本质上都是一种乐观的表现。

THE WORLD AFTER CAPITAL

03
乐观主义：人类能创造出解决重大问题所需的知识

在10多年前开始撰写博客时，我自诩为"技术乐观主义者"。我写道：

> 能活在一个对理解衰老、对抗癌症、开发清洁技术等不断取得巨大进展的时代，让我感到无比激动。当然，这并不意味着我认为技术本身会自动解决我们的所有问题。相反，我坚信随着时间的推移，人类社会能够找到运用技术去提升我们生活水平的方法。我个人非常庆幸没有生活在中世纪。

这本书的基调是乐观的，这在一定程度上反映了我的性格特点。作为一名风险投资者，若抱守悲观主义，几乎难以立足。因为你会总是关注某个创业公司失败的理由，结果可能永远不会做出任何投资。

我想一开始就申明我的这种倾向。然而，**乐观主义远不只是一种个人偏好，它对于人类知识至关重要。创造知识的行动，无论是发明新技术还是创作新歌，本质上都是乐观的表现。**发明家预设了问题可以得到解决，创作者假定了艺术能够触动观众（即便是表达悲观情绪的歌曲也体现着这种乐观）。乐观主义是对进步可能性的信念。

"进步"一词充满争议。毕竟，在技术上取得的成就背后，人类也曾制造了许多文明"疾病"，导致无数物种灭绝，甚至可能因为气候变化而自食恶果。不可否认，我们在人类历史上造成了巨大的苦难，如今我们还面临全球性流行病和不断恶化的气候危机等严峻挑战。不过，除了努力解决这些问题之外，我们还有其他选择吗？

问题之所以有价值，是因为知识可以帮助我们解决问题。 以御寒取暖的问题为例，人类发明了生火的方法，并最终将其记录了下来。此后，我们极大地改进了取暖方式。或许我们认为知识是理所当然存在的，但事实上，除了人类，没有其他物种拥有知识，这意味着它们解决问题的能力很大程度上依赖运气和环境。因此，不仅乐观主义对知识的发展至关重要，而且知识的存在本身就是乐观主义的基础。

有极端观点认为，如果人类从未发展出知识，我们会过得更好（Ablow, 2015）。尽管这听起来很荒谬，但许多有关世界末日的宗教预言和思想都与这一立场有关，声称对于进步之罪孽的最终清算在所难免。事实上，虽然此类声音并不常见，但也有人将新型冠状病毒的流行和气候危机视为预兆，认为这即便不是世界末日也视其为"伟大清算"的前兆。尽管我们无法保证未来的所有问题都可以通过知识得到解决，但有一点是必然的：假设问题不可解只会使问题变得无解。悲观主义是自我挫败的，末世信念则是自我实现的。

数字技术也不例外，它同样已经带来了一系列新问题。在本书中，

03
乐观主义：人类能创造出解决重大问题所需的知识

我们将探讨许多这类问题，包括像 Facebook 这样的公司试图尽可能多地吸引用户注意力的巨大动机，以及因接触到与个人文化或宗教信仰相悖的内容而产生的冲突。但即便如此，数字技术也促成了惊人的进步，例如几乎零成本诊断疾病的可能性。本书对我们能够解决数字技术的问题持乐观态度，并相信我们能以一种促进广泛进步的方式应用数字技术，包括创造应对气候危机所需的知识。

THE WORLD AFTER CAPITAL

04

未来世界的可能取决于
我们的选择

历史并不自行做决策，
它由人类的选择铸就。

THE WORLD AFTER CAPITAL

04
未来世界的可能取决于我们的选择

相信进步的潜力并不意味着过分乐观,我们必须认识到,进步并非技术的必然结果。与科技作家凯文·凯利(Kevin Kelly)在他的著作《科技想要什么》(*What Technology Wants*)中所言不同,技术本身并不追求为人类打造一个更美好的世界——它仅仅赋予了我们这样的可能性。

经济学同样没有所谓的"追求",举个例子,没有经济理论能保证新技术不会让人们的生活变得更差。经济学为我们提供了分析市场和设计监管措施来应对市场失效的工具,但要实现市场和监管制度的预期目标,我们依然需要做出自己的决定。

另外,不同于马克思所认为的,历史也没有任何"追求"。不存在一个决定性的演进过程确保劳资冲突必然以无阶级社会的形成而终结。政治经济学家弗朗西斯·福山(Francis Fukuyama)所提出的历史终结论,即一种最终的社会、经济和政治系统,也并非历史的必然走向。历史并不自行做决策,它由人类的选择铸就。只要技术进步不止步,我们就需要做出新的选择。

选择走向哪一个由新技术创造的可能世界，始终是我们的责任。这些选择有的需要我们共同来决定（需要制定规则或法规），有的则需个人来把握（需要自我调节）。尤其是在今天，鉴于数字技术极大地扩展了可能性空间，其中还包括拥有知识并最终有可能想要自己做出选择的机器的巨大潜力，这些决策显得尤为重要。

监管是一个复杂议题。从事或投资数字技术的人们往往是乐观派（尽管也不乏机会主义者混入其中），其中很多乐观派认为监管是必要的，而有一部分人却带有鲜明的自由主义倾向，认为政府不应干预。对于他们来说，监管与进步是相矛盾的。这两种观点之间的争论通常很尖锐，因为技术发展的历史明确展现了良好监管的益处及不良监管的危害。因此，我们更应该投入精力去寻找正确的监管策略，并投身于执行与修正这些策略所必需的过程。

汽车技术的监管在这里深具启示性。目前世界上很多地区的人们都开车出行。汽车是一项重大的技术创新，它极大地提高了个体的流动性，但如果没有相关的立法，它不可能得到普及和产生大规模影响，汽车领域不可能获得巨额的公共投资。我们需要建设道路、制定交通规则，这些都不可能只依赖个人决策来完成。道路系统是自然垄断的一个实例。一套繁杂不一的道路网络或规则体系会引发严重的问题：设想如果有些人靠左侧行驶，有些人靠右侧行驶，这将会导致什么后果。自然垄断是指市场失灵，必须进行监管的情况。社会规范则是监管的另一种形式：如果没有社会规范的转变，例如不接受女性驾驶成为常态，那么汽车就不可能成为广泛采用的个人交通工具。

04
未来世界的可能取决于我们的选择

当然,并不是所有的监管都是有益的。事实上,最初对汽车监管的目的在于通过限制速度来延缓其普及。在英国,早年汽车曾被法律规定要求在前方有步行的人手持红旗引导("Red Flag Traffic Laws",2020)。数字技术的监管也存在类似情况。很多监管措施起初可能旨在保护现状,帮助老牌企业,包括在新兴行业。近年网络中立规则的改变就是一个突出例证(Kang,2017)。

我在本书后文提出的监管建议,旨在通过赋予个人更大的经济自由和更好的信息获取途径来促进创新。这些监管与现状,以及美国和大多数其他国家现行政策有相当程度的背离,但这是我们需要共同做出的决策。它们的目标是让我们探索数字技术开辟的可能性空间,以帮助我们从工业时代迈向知识时代。

另一组选择与我们个体如何应对数字技术带来的信息传播和知识创造上的巨大加速有关。社会不能将这些规则强加于人,因为它们关系到我们的内心状态——我们需要为自己做出改变。例如,有很多人对他们在线上偶然看到的内容感到不悦,有时是 YouTube 上的视频,有时是 Twitter 上的评论,这些内容让他们焦虑、愤怒或产生其他导致他们逃避或激烈反应的痛苦情绪,加剧了社会分裂和冲突的循环。有人则沉迷在"信息茧房"之中,被算法选定的信息所困,现有的偏见不断增强。还有些人沉迷于不断刷新社交媒体。尽管某些监管有助于解决些许问题,进一步的技术发展也是如此,但要克服这些问题,我们需要改变对信息的反应方式。

我们能够通过自我调节改变反应方式。我所指的自我调节是提升批判性思维的训练。从古希腊的斯多葛主义到东方宗教(如印度教和佛教），人类有悠久的训练传统，旨在管理我们的即时情绪反应，从而让我们能够在面对生活中的各种情境时，做出有洞察力且负责任的反应。这些正念训练与我们最近对人脑和人体运作的了解相吻合。若想充分利用数字技术的优势，我们就要学会如何在面对信息的洪流（包括那些对我们弱点的有意操纵）时保持批判性思维与创造力。

THE WORLD AFTER CAPITAL

05

没有人是一座孤岛

我们都是社会的一部分，
是整个人类的一部分。

THE WORLD AFTER CAPITAL

05
没有人是一座孤岛

我所信奉的价值观是什么？它们从何而来？在《人类简史》(*Sapiens*)一书中，尤瓦尔·赫拉利(Yuval Harari)这位历史学家声称，所有价值体系均立足于各不相同但同样有效的主观叙事。他否认人文主义存在客观基础，以支持人类作为物种享有的特权地位(Harari, 2011)，但我想要在这里说服你，他的看法是错误的。因为知识的力量不仅促使我们保持乐观，更重要的是，知识本身就是人文主义的支撑点。我所说的"人文主义"是指一系列的价值观念，它们将重心放在人的能动性和责任感上，而非神性或超自然之上，并认为批判性探究是推动进步的关键。

如我前文定义，知识是人类共享洞察的外化形式，包括了科学和艺术方面的知识。人类是地球上唯一拥有能力创造并跨时空分享这样的知识的物种。我可以阅读一个来自很久以前、完全不同地区的人所写的书。

这一点至关重要，因为知识让我们具备了全然不同的解决问题和取得进步的方式。人类能够选取并整合其他人创造的知识，使得微小的变化随时间累积成庞大的知识体系，而这些知识体系又为科学与艺术的突破打下了基础。没有知识，其他生物只能依赖沟通和进化两种方式来传承所学。但沟通是瞬时且受地理局限的，进化则是缓慢的。因此，动植物经常面临它们无法解决的难题，这导致了疾病、死亡乃至灭绝。如今，许多这样的问题是由人类引起的（关于这一点，后文会进一步讨论）。

知识给予了人类巨大的力量。我们能够翱翔蓝天，畅游海洋，在陆地上短时间远距离旅行，建造宏伟而坚固的建筑。知识的力量正在重塑地球的面貌。它经常以解决一组问题的方式来解决问题，同时又制造出一组全新的问题，这些问题不仅影响人类，还会影响到其他物种。这就是为什么《蜘蛛侠》故事中的那句名言极其重要："能力越大，责任越大。"正是知识赋予了人类照看海豚的责任，而非反之。

批判性探究将进步和知识紧密相连：只有拥有辨识出优势思想的能力，我们才可能取得进步。批判性探究绝不是线性发展的，新思想并不总是优于旧思想。有时我们会走错方向，但是，只要给予充足的时间，我们最终会做出优选。比如，我们如今不再坚持太阳系地心说，同样，只有极少数从前创作的艺术作品至今仍被认为是有价值的。尽管这个过程可能需要几十年甚至几个世纪的时间，但这相较于生物进化来说简直快如闪电。

我之前用到的"优于"一词暗示了普遍价值的存在。所有这些价值观的源头都是对人类知识之力量的认识，以及由此直接衍生出来的责任感。而最具核心价值的，正是批判性探究的过程本身。我们必须不断质疑现有知识，指出其中的缺陷，并且提出可行的替代方案。试想，如果在贝多芬之后，我们禁止一切新的音乐创作，那么我们的音乐世界将会多么贫乏。

因此，我们需要制定监管和自律机制以支持批判性探究，从宏观上看，这是一个筛选不良想法、促进更好的想法传播的过程。在商业领域，这通常体现为市场竞争，这正是支持竞争性市场的监管机制至关重要的原因。在个人层面，批判性探究要求我们在深植于既有偏见的倾向性面前，敢于接受批评意见。在政治领域，批判性探究通过民主过程得以实现。

言论自由本身并不是一种价值，而是批判性探究的一个核心支持条件。然而，我们也可以看到，对言论自由的某些限制可能具有同样的意义。如果言论可以用来呼吁对个人或少数族裔的暴力，你也可以用它来压制批判性探究。

数字技术，包含全球信息网络和造就机器智能的通用计算技术，极大地加快了人类积累与共享知识的速度。然而，这些技术同样为全球范围内的针对性操纵和宣传，以及不断分散注意力提供了便利，这些都在削弱知识评估和创造的过程。因此，数字技术显著提升了批判性探究的重要性，以其作为基于知识的人文主义的核心部分。

除了批判性探究、乐观主义和责任感，其他人文主义价值观也植根于知识之存在。团结便是其中之一。现如今，地球上有近 80 亿人共存，而地球所处的太阳系的其他地方环境大多不宜居住。诸如传染病和气候危机等人类面临的重大问题，需要我们共同努力，并将影响到每个人。

因此，我们需要相互支持，超越性别、种族或国家的分歧。无论我们外表有何差异，因为共享的知识，我们与彼此的相似之处，远大于与其他物种之间的相似之处。

一旦我们对团结的价值达成共识，我们便能将多样性当作另一种人文主义价值而加以颂扬。在当下，人们常常将个体与集体对置，仿佛它们是相互冲突的。然而，正如约翰·多恩（John Donne）所言"没有人是一座孤岛"——我们都是社会的一部分，是整个人类的一部分。正因为承认我们共同的人性的重要性，我们创造了可以发展个性的基础。团结使我们能够颂扬而不是畏惧人类的多样性。

THE WORLD AFTER CAPITAL

06

稀缺性取决于需求而非价格

就算某物不再稀缺,
　它也不一定就变得丰裕了,
　它可能仍处于"足够"的中间状态。

THE WORLD AFTER CAPITAL

06
稀缺性取决于需求而非价格

熟悉经济理论的人可能会理解"稀缺性"的概念。在经济学中，当某物的价格超过零时，它就被认为是稀缺的。按照这个标准，土地就是稀缺资源——人们需要支付大量的金钱才能购买一块土地。即使是在当前低利率的情况下，金融资本也是稀缺的，因为无论是借款还是筹集股本，都需要支付额外的成本。

但以价格来定义稀缺性有一个根本性的问题：通过赋予其所有权，任何东西都可以变得稀缺。试想，如果世界上的大气属于"全球空气有限公司"，那么这家公司就可以对每个呼吸空气的人收取费用。按照这种基于价格的理论，空气就会变得稀缺。虽然这个例子听起来很极端，但实际上，有人提出，给大气划定所有权可以解决空气污染问题，因为这样空气的所有者将有经济动力去维持无污染的大气。

我采用了一个不同的、不以价格为基础的稀缺性定义：当某物品的数量不足以满足我们的需求时，它就是稀缺的。如果未能生产或提供足够的食物导致人们挨饿，那么食物就是稀缺的。只要有更多的知识来解决这一问题，我们就可以将此视为技术性（而非经济性）的稀缺，其关键在于技术进步能降低相应物质的稀缺性。正如我在后文将要讨论的，18世纪学者托马斯·马尔萨斯（Thomas Malthus）在1798年正确地预测了全球人口将呈指数级增长，但他关于人口增长会超过食物供应，导致持续短缺和大量饥饿的预测，最终并未成真。这是因为技术进步带来了食物产量的指数级增长。实际上，最近在农业技术方面的进步意味着，尽管粮食产量仍在快速增长，但用于食物生产的土地数量却在下降。

但是，我们能否清晰地区分"需求"和"欲望"？如果人们不是在挨饿，但想要更多或不同种类的食物，食物是否仍然是稀缺的？现代经济学往往将两者混为一谈，但直觉告诉我们，实际并非如此。我们需要喝水，但可能想喝香槟；我们需要为身体提供能量，但可能想吃鱼子酱。尽管这些例子很极端，但他们说明了满足能量需求的食物有很多种。渴望特定的食物属于欲望，而获取足够的能量（及其他必需营养素）是一种需求。在本书的第二部分，我列出了人类的基本需求，并探讨了目前和未来满足这些需求的能力。

值得注意的是，就算某物不再稀缺，它也不一定就变得丰裕了，它可能处于我称为"充足"的中间状态。 例如，地球上的可用土地足以满足人类的需求，但要建造房屋和种植食物，还需要很多物质资源，因此这些资源并不是丰裕的。可以预见，随着技术的进步，土地和食物有朝一日会变得丰裕——试想，如果我们能想办法在其他星球上居住，我们将拥有多少空间。而数字信息已经明确具有丰裕的条件：我们可以零边际成本地复制并分发它们，从而满足连接到互联网的每个人的信息需求。

06
稀缺性取决于需求而非价格

有了这套基于需求的稀缺性定义,现在我们可以探索随着时间的推移,技术如何改变人类面对的稀缺性约束。

THE WORLD AFTER CAPITAL

07

关键稀缺资源的历史更迭

每次经历过渡期，
稀缺的本质都发生转变，
一步步使对人类努力的
度量变得更为复杂。

THE WORLD AFTER CAPITAL

07
关键稀缺资源的历史更迭

现在，我将呈现一个对人类历史高度概括的描述，重点讲述技术如何随时间演进改变了稀缺性，以及这些变化如何深刻地影响了人类社会。

智人大约在 25 万年前出现。直到近代，绝大多数时间内，人类以采集为生（即狩猎采集者）。在采集时代，食物的稀缺性是一个标志性的问题。部落要么在他们的领地上找到充足的食物，要么迁徙转移，不然就会面临饥饿。

大约在 1 万年前，一系列重要的技术发明改变了这一状况，包括播种、灌溉和畜牧技术。这些技术合力推动了我们今天所称的农业革命。农业的出现将稀缺性从食物转移至土地，标志着农业社会的诞生。一个社会只要拥有足够的耕地，就能满足自己的需求并进一步发展。事实上，这甚至可产出富余的食物，从而使一些人（如艺术家和士兵）得以免于直接参与食物生产。

在大约 400 年前启蒙运动开始时，人类又发明了包括蒸汽动力、机械、化学、采矿，以及电力生产、传输和应用在内的技术。这些发展的总和被我们称为工业革命，紧随其后是工业时代的到来。与前两个时代一样，稀缺性再次转移，这次是从食物和土地转向了资本——建筑、机械和道路。随着人口不断增长，我们面临如何建造农业机械、生产肥料以及建设住房以满足需求的挑战，因此资本变得稀缺。

在这两次转变中，人类的生活方式都发生了巨大的变化。从采集时代向农业时代过渡时，人类从游牧生活变为定居生活，从部落社会进入等级森严的封建社会，从混交制转向一夫一妻制（某种程度上）等。从农业时代向工业时代的过渡过程中，我们又经历了从乡村搬到城市，从大家族模式变为核心家庭甚至无家庭生活，从公有产权转向私有产权（包括知识产权），从伟大的神学链条到新教的职业道德等一系列演化。

那么，是什么导致了这些变化呢？每次经历转变，稀缺的本质都发生转变，一步步使对人类努力的度量变得更为复杂，进而需要更为精巧的激励机制来维持所需的努力水平。

在采集时代，食物是关键的稀缺资源，度量和激励机制相对简单：部落成员能直观地看到猎人和采集者带回了多少食物，能否满足大家的需要。在没有储存的所谓"即时回报社会"中，情况就是这么直接；而有了储存，事情会稍微复杂些，但仍然很简单。我认为这解释了成功的采集社会的一些特点，比如其平等的分配制度和等级体系。

进入农业时代，稀缺资源变成了土地，与之相伴的度量问题变得更加复杂：你只有到收获季节才能真正评估一个社会的富裕程度（在世界上许多地区每年只有一次）。我相信这个变化解释了成功的农业社会的诸多特征，尤其是严格的结构和规则。值得注意的是，这些社会基本处在科学化之前，它们必须通过试错来发现有效的做法。当人们找到一条看起来行之有效的规则时，他们会倾向于以成文法典的形式保存它（例如通过宗教）。

进入工业时代，资本成了关键的稀缺资源，度量问题愈发复杂。在哪里建厂？工厂应生产什么？人们可能需要数年经验和产品创新才能将生产资料整合，形成真正的生产力。这正是市场模式成功的关键原因所在，特别是与计划经济相比。激励问题的解决方案从静态规则过渡到了一个动态的过程，这个过程允许多次尝试，而只有少数尝试取得成功。

人类生活方式的这些变化，是对技术进步使稀缺从食物转移到土地，再从土地转移到资本，而引发的日益复杂的度量问题的一种反应。但是，这些变革不是必然的结果，而是人类推动监管变化的选择带来的。

例如，在资本稀缺的情况下，人类在市场经济和计划经济之间做出了截然不同的尝试。事实证明，竞争性市场结合企业家精神及国家战略性支持（例如以监管的形式）的方法，在资源分配和积累方面更为有效。类似地，农业时代同时存在着极为不同的社会体系，包括大大超前于中世纪北欧社会的雅典民主制。

谈及过去的过渡期，不得不提的是，这些过渡不仅需要很长时间，而且伴随着极端的暴力。农业出现了数千年的时间，农业社会在此期间慢慢扩张，征服或消灭了采集部落。农业时代到工业时代的过渡发生在几个世纪之中，经历了许多血腥革命，最终引发了两次世界大战。在农业时代的末期，掌控土地的统治阶层仍旧视土地为关键稀缺资源。对于他们来说，工业是建立起日益强大的军备（如坦克和战舰）以确保对土地的控制权的一种方式。即便是第二次世界大战，也是关于土地的争夺，例如希特勒为他的第三帝国争夺的"生存空间"。在第二次世界大战之后，人类才真正告别了农耕时代。

我们现在又处在一个过渡期。**数字技术正将稀缺性由资本转移到了人们的注意力上。显而易见，这次转变同样需要人类生活方式发生剧烈变革，正如之前的两次转型一样。这次转变很可能将跨越几个世代，而不是很快就能完成的。**

最后，退出农业时代的历史经验可为今天提供洞见，可以解释为何许多政府专注于逐步变革。首先，我们应指出，尽管真正关键的是生产性资本，即机械、建筑及基础设施等生产资料，但在今天，资本往往被看作货币财富或金融资本。金融资本促成了实体资本的形成，但并不直接贡献于商品和服务的生产。企业之所以需要金融资本，是因为它们必须先支付机器、原料和劳动力的费用，后收取产品或服务的款项。

如同农业时代末期的统治阶层来自土地一样，如今的统治阶层来自资本。他们往往并不直接担任政治角色，而是以间接的方式影响政策，从而减少个人风险。比如，2016年美国总统大选期间，亿万富翁对冲基金经理罗伯特·默瑟（Robert Mercer）及其家族在选举活动中扮演的角色，就是一个典型的例子（Gold, 2017），他们影响了美国总统大选的结果。

THE WORLD AFTER CAPITAL

08

向知识时代过渡

注意力现在已成了一种关键的稀缺资源，
这意味着当前的注意力分配模式
无法充分满足人类需求。

THE WORLD AFTER CAPITAL

我要提出的第一个核心观点是，在技术层面上，资本已不再是稀缺资源。现有的生产性资本已完全足够我们应对种植粮食、修建建筑、制作服装等需求。为证明这一点，我将列出个人和社会的需求表；然后，我会调查当前的人口趋势，探讨这些需求将来增长的可能性；随后，我会对我们可用的资本进行评估，以判断它们应对这些需求的能力。作为一个整体，人类的物质资本是充足的。但是，这尚未触及财富分配问题，该主题我将在后文中探讨。

我的第二个观点是，注意力现在成了一种关键的稀缺资源，这意味着当前的注意力分配模式无法充分满足人类需求。为了支撑这个论断，我会首先准确定义何为"注意力"，并用若干例子来展示人类有哪些需求被忽视了（比如对意义的需求），或正处于被忽视的风险中（像是气候危机可能导致的食物供应问题）。接下来，我将检视当前有多少人的注意力被工业时代的活动过多消耗了，并且讨论通过数字技术的主要用途，例如以广告为基础的社交网络，注意力如何深陷其中。同时，我还会分析为何市场主导的资本主义不适宜分配注意力资源。

在此基础上，我将提出推动向知识时代过渡的具体策略。这些策略与我之前阐述的关于知识和人文主义的理念一脉相承，主要通过增加自由，以此作为获得更多关注和改进注意力分配的基础。

THE WORLD AFTER CAPITAL

第二部分

满足基本需求，我们已经有了足够的资本

THE WORLD
AFTER CAPITAL

　　我说资本充足，是指它完全能够满足我们的需求——这正是我在本书这个部分想要证明的。唯一的方法是审视这些"需求"具体是什么，并将它们与我们无限的"欲望"明确区分开来。接下来，我们需要考虑人口趋势，以此来预测未来会有多少人口需要这些资本。只有进行了这些分析，我们才能对现有资本能否满足未来需求做出判断。

THE WORLD AFTER CAPITAL

09

人类的需求清单

我在此区分了个人需求与集体需求，
前者适用于个人，
而后者指的是人类整体的需求。

THE WORLD AFTER CAPITAL

人类的需求清单

在第一部分中,我介绍了基于需求定义的稀缺性概念。由此,若要论证如今我们正经历着的稀缺性的转移——注意力的稀缺,我需要先证明我们已经具备了满足基本需求的足够资本。然而,对人类需求的内涵达成共识并不简单,以下内容应视为朝这个方向迈出的一步尝试。需求清单是一种人类知识的外化形式,可以通过批判性探究不断完善。在本书的早期版本中,我曾试图将需求分为生理、物理和社会等类别,但这些分类的界限似乎过于独断。因此,我在此区分了个人需求与集体需求,前者适用于个人,而后者指的是人类整体的需求。制定这样一个需求清单的挑战在于,人们很容易将某一需求的本质和实现它的策略混淆。例如,吃肉是满足人体对能量需求的一种策略,但我们也可以从其他多种来源获取能量。

三组个人需求,让我们保持生物能量、应对复杂多变环境

这些是生理与心理不可或缺的基础需求,缺一不可。哪怕是一个人

独自在宇宙飞船中这样完全孤立的境地,也无法脱离这些基本需求。

第一组个人需求与保持身体能量有关。

氧气: 人类每天平均需要约 550 升氧气,这取决于体型和运动量。我们通常通过吸入空气来获取氧气("*How Much Oxygen Does a Person Consume in a Day?*", 2000)。虽然看似不言自明,但技术发展也使我们能够以其他方式获取氧气,如通过外部手段让呼吸困难的患者血液中富含氧气。

水: 我们需要每天摄入 2 ~ 3 升水以保持身体水分,这具体取决于个体的体重、活动量及气温("*Water: How Much Should You Drink Every Day?*", 2020)。我们不仅可以通过饮用水和含水的液体摄入水分,也可以通过食物补充水分。

能量: 成年人为了维持身体正常运转每天需要摄入 1 500 ~ 3 200 卡路里的热量,我们主要通过饮食摄取(美国农业部和美国卫生与公众服务部,2015 年)。不过,获取能量的最佳方式仍饱受争议(可以说令人惊讶),蛋白质、脂肪和碳水化合物的最佳配比目前尚无定论。

营养素: 身体并不能合成其所需的所有物质,包括部分氨基酸、维生素和矿物质,这些必须通过食物补充。我们对于人体所需营养素的了解依然有待加深(同样令人惊讶),尚未达成共识。

排泄: 同样,我们需要通过排出食物残渣、辐射散热和呼出二氧化碳,将代谢废物从体内排出。在这方面,人们已经取得了重大进步,如厕所的普及和公共卫生设施。

第二组个人需求是人类的生存需求。从宇宙视角来看，人类可适应的环境范围异常狭窄。即使是在地球上，没有技术的帮助，适宜生活的区域也相对有限。

温度： 我们的身体内有自我调节温度的机制，但这只在一定的环境温湿度范围内有效。人们极易因过热或过冷而丧命（我们通过排汗进行蒸发散热，但在高温高湿环境下此方法会失效）。因此，我们通常需要通过控制环境协助身体进行温度调节，如穿戴服饰、搭建住所、使用供暖设备和空调等手段。

压强： 潜水的人都会体会到，身体对压强增减的适应能力有限。这也是空中飞行让人感到疲惫的原因之一（飞机机舱的压力维持在相当于大约海拔 2400 米的高山的水平）。

光： 在完全的黑暗中，大多数人会难以完成任何工作。长久以来，太阳光是我们的主要光源，但随着时间的推移，人类创造了各种人造光源来满足对光的需求。

个体在应对复杂多变的环境中的第三组基本需求包括：

疗愈： 每当人体受到伤害，就需要自我修复。人体具备强大的自愈能力，但损伤超出一定限度时就需要外界帮助。我们发展了许多解决方案，通常被统称为"医疗保健"。

学习：人类一出生并不具备太多技能，我们必须学习基本的技能，比如走路和使用简单工具。面对新环境，我们需要学会如何应对。满足学习需求的策略通常属于"教育"，但也包括通过实验获取经验、自我学习和育儿活动。

意义：人类的一大心理需求是生活要有意义。寻找个人目标是一种解决方式，长期以来，对群体的归属感一直是人类获取这种意义感的源泉。而人际互动也是关键策略之一，比如得到他人对个人贡献的认可，或只是简单地存在认同。

最后一组需求可能会让你觉得比之前的需求层级更高，有别于前两组更基础的需求。将个人需求按层级排序，如心理学家亚伯拉罕·马斯洛（Abraham Maslow）著名的理论那样，给人一种直观的吸引力，但这种分类方法是有误导性的——所有这些需求都非常重要。例如，马斯洛将能量等需求归于金字塔底层，将对意义的追求置于顶端，仿佛前者比后者更基本。然而，维克多·弗兰克尔（Viktor Frankl）等人的研究表明，意义是人类努力不可或缺的动力，而获取能量本身就需要努力。试想一下，如果你独自在宇宙飞船上，尝试移除上述任何一项，很快你就会发现，它们每一项都很重要。

五种集体需求，人类社会得以生存与进步的基础

我们的集体需求来自人们在社会中共同生活、共享空间和资源。这些需求的满足，是人类社会得以生存与进步的基础。

繁衍：虽然个体可以在没有性行为的情况下生存，但对社会而言，繁衍后代是其延续的必要条件。即使我们已经学会如何不靠性行为进行繁殖，未来可能还会出现不同的解决方案以维持人类社会的延续——不论是在地球上还是在其他地方。

分配：物质资源的获取需要进行分配。以椅子为例，通常情况下一次只能有一个人舒适地坐着，若有多人需要，就必须设计一种机制在他们之间分配椅子。这种分配是群体的需求，毕竟如果只有你自己，那随时可以想坐就坐。

动机：动机似乎是个体需求，但实际上，它也是一种集体需求。社会必须激励其成员完成重要的工作并遵守规则。即使是最小的、技术水平最低的社会，都发展出了相应的激励机制，通常体现为奖励与惩罚。

协调：只要活动涉及多于一个人，就必须进行协调。以两人会面为例，为了让会面发生，双方需要在约定的时间、地点相聚。为此，我们开发出许多沟通和管理机制来实现协调。

知识：知识是集体需求的核心。没有知识，社会会遇到无法解决的问题。许多文明因缺乏维持自身所必需的知识而衰败，复活节岛居民和玛雅人的历史就是前车之鉴。这里的"知识"，并不局限于个体的学习内容，而是指对整个社会而言可以获取的知识总量。本书后续部分将探讨更快速产出更多知识的解决方案。

集体需求的概念可能看起来较为抽象，原因在于我们在识别需求而非解决方案。解决方案往往更加具体，易于辨认。例如，政府和法律就是解决分配和协调等集体需求的机制，市场和公司，以及网络和平台也是如此。换句话说，社会的许多机构之所以存在，是因为它们帮我们解决了某一种集体需求。

四种助力因素，使满足需求的解决方案成为可能

某些事物本身并不直接满足特定需求，而是作为一种助力因素，帮助实现各种解决方案。以能源为例，你可能会思考：能源难道不是我们所有人（无论是个人还是集体）都需要的吗？实际上，如同个人需要能源来维持房子的温度，集体需要能源来支撑通信基础设施一样，能源本身并不直接满足需求，但会帮助实现满足这些需求的条件。这即是我所说的助力因素。

以下是四种基本的助力因素。

能源：长期以来，人类主要依赖直射阳光作为能源。此后，我们开发出了许多获取能源的方法，其中包括更有效的太阳能捕获方式。获取更多能源，并通过高效、易于控制的供应方式提供，为满足人类需求提供了新的解决方案。

资源：在早期历史中，人类会直接利用自然环境中的资源。随后，人们开始使用更多技术进行种植和开采资源。现代解决方案中的一部分得益于新型资源的发现，比如，移动电话的制造正是依赖于各种稀有资源，包括所谓的稀土元素。

转化：仅有能源和资源并不够，我们需要搞清楚如何利用能源转换资源，并且记住这些方法。这涉及化学和物理过程。实体资本以机器的形式极大地促进了许多新解决方案的诞生，例如织布机就能迅速将纱线转换为衣物，满足我们对环境温度的控制需求。

运输：最后一个基础助力因素是移动物体（包括人）的能力。在这一领域我们也取得了巨大的成就，由最初的人力运输逐步发展至动物运输，再到机械运输。

正如需求一样，我专门选取了具有较高抽象性的助力因素。无论是燃煤发电厂、太阳能板还是未来的核聚变，虽然具备截然不同的特点，但它们都是能源的助力因素。

虽然这个框架还会随着时间而变化，但我相信，目前的需求和助力因素的版本足以支撑我关于世界有足够的生产资本的论点。然而，要进一步定量地确证，我们还需要考虑人口规模和增长率。

THE WORLD AFTER CAPITAL

10

马尔萨斯人口预言的缺陷

从技术进步和长期人口增长的角度来看,
马尔萨斯的预言最终将被证明是错误的。

THE WORLD AFTER CAPITAL

10
马尔萨斯人口预言的缺陷

1798 年,托马斯·马尔萨斯预言,随着人口的指数级增长远远超出食物生产能力的提升,将会发生大范围的饥荒。他的预测只说对了一半:19 世纪初,全球人口的确出现了爆炸式增长。自那时起,人口数量从约 10 亿增至近 80 亿("World Population Clock:7.9 Billion People",2021)。然而,马尔萨斯关于人口增长后果的可怕预警并未成真。我们并未看到全球性的饥荒,大多数人也不再生活于极端贫困之中。实际上,即便人口增长速度远超过马尔萨斯预计的 25 年增加 10 亿的上限,全球生活在极端贫困中的人数却正在下降(Roser & Ortiz-Ospina,2013)。

马尔萨斯没有预见的是技术进步的速度。他对于农业生产力提高的可能性过于悲观。自他做出预言以来,农业实现了巨大的飞跃:全球农业从业人口比例已从超过 80% 下降到 33%,而且这个比例还在快速下降(在美国及其他发达国家,农业就业人口比例甚至不足 2%)。特别是在过去 50 年中,生产单位数量食物所需的土地减少了 68%(Ritchie & Roser,2019)。尽管如今农业用地总面积仍在增加,但增长速度已远低于人口增速（Ausubel, et al., 2013; Ewers, et al., 2009）。

此外，马尔萨斯没有预料到科技革命将如何引领工业革命。这场革命不仅提升了农业生产力，更是显著提升了人们的生活水平，比如人们的预期寿命延长、交通运输速度提升以及通信成本下降。

这一点至关重要，因为人口增长实际上与进步息息相关。一个广为印证的现象是，婴儿死亡率、生活水平和生育率之间存在密切关联。医疗技术的进步降低了婴儿死亡率，而生产技术的提高则提升了生活水平，人口出生率随之下降（见图 10-1）。这并非简单机械的因果关系，而是涉及复杂的社会调适，例如女性更多地参与劳动力市场和其他形式的女性赋权（例如，更好的受教育机会）。马克斯·罗泽（Max Roser）和"我们的数据世界"项目团队绘制的图表生动地展示了这种全球趋势（Roser, 2019a; Roser & Ritchie, 2013）。

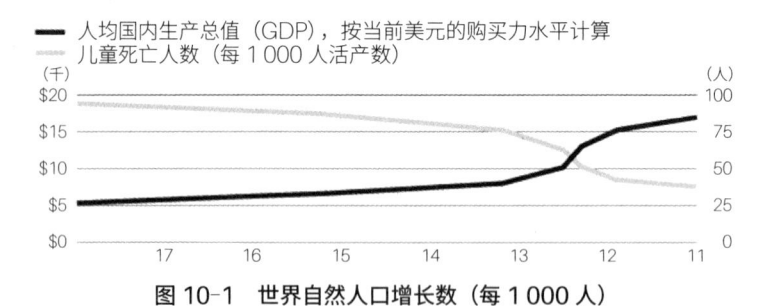

图 10-1　世界自然人口增长数（每 1 000 人）

资料来源：World Bank, 2020a; 2020b; United Nations, 2019。

尽管过去 200 年全球人口实现了突破性增长，但我们不应简单假设这种趋势将持续下去：越来越多的迹象显示，世界人口正逐渐接近峰值。有人认为，讨论世界能否负担 110 亿人的生活至关重要，但这种观点忽视了一个关键的事实——如果技术不继续进步，地球连现在约 80 亿人口的需求也无法满足。我们现有的解决方案带来了诸如水污染和空气污染等新问题，最紧迫的问题则是气候危机。

马尔萨斯的预言或许最终还是会显现其影响力。举例来说，如果我们不能迅速应对气候危机，可能会出现大规模的农作物歉收，导致严重的饥荒。这是一种缺乏生产足够食物所需的技术而产生饥荒的案例，与过去那些如发生在印度的大规模饥荒有所不同，它们是内部冲突或外部干预导致的食物生产或分配中断而引发的社会和政治崩坏的结果。

而重点依然是需求不会继续无限制地指数级增长，因为人口增长速度将放缓，而人均需求是有限的。所有迹象均表明，全球人口增长曲线已开始趋于平稳，与此同时，技术进步的速度仍在加快（Roser, 2019a; Roser & Ritchie, 2013）。**了解这些信息后，我们可以对人口增长方面的进展保持乐观。也就是说，从技术进步和长期人口增长的角度来看，马尔萨斯预言最终将被证明是错误的。**

我之前已经分析过数字技术的颠覆性。接下来，我们将进一步探讨它是如何加速知识创造，并以此推动进步的。

THE WORLD AFTER CAPITAL

11

物质资本已不再是
满足人类需求的障碍

**资本将不会再
限制人类的未来发展。**

THE WORLD AFTER CAPITAL

11
物质资本已不再是满足人类需求的障碍

本书的书名暗示了一个基本论点，那就是世界拥有充足的资本来满足每个人的需求。这意味着要满足约 79 亿人的个人需求，同时也要考虑到他们所在社会的集体需求。若如今的资本有着较大的余量，那么随着人口增长的放缓和技术进步的加速，资本将不会再限制人类的未来发展。

我们可能会本能地从金融资本的角度看待这个问题，但那不过是对金钱的幻觉的屈服。钞票并不能解决饥饿问题，金条也无法用作智能手机。真正关键的是生产性的物质资本，比如机器和建筑。

当然，金融资本并非无足轻重，它是初始物质资本的建设和支持经济活动的持续运行所必需的。例如，我想建设工厂或商店，在赚取利润前，我需要先付款给施工者和设备供应商，之后才能开始赚钱。很多企业每个月都有固定开销，需在从客户那里获得收入之前支付。当需预先投出去的现金多于流入的现金时，就需要一种融资机制：为了积累物质资本，我们需要积累金融资本。

金融资本发展史上诞生了许多重要的创新，市场借贷的引入便是近年来的显著进展。通过市场将金融资本投入项目中获得了巨大成功；正是基于市场的方法的成功使我们积累了足够的物质资本基础，来满足基本需求。但如我在书中其他部分指出的，市场机制也依赖于政府活动的支持，包括促进竞争的监管和对教育与研究的资助。

然而，许多近年来出现的金融创新，并没有促进物质资本的创造与配置，反倒是导致了经济的过度金融化。过度金融化指的是金融活动的增长，这虽然可能给一些人带来财富，却与物质资本建设相脱节，甚至造成损害。举个例子，一些公司选择通过借债回购股份，而不是投资于创新。推动房地产泡沫的衍生品和结构化证券（例如债务抵押证券）就是另一个例证。这并不是说这些工具没有潜在的正当用途，但它们的规模远远超过了建设物质资本的实际需求，并形成了自己的系统。金融业占经济整体的比例日益增长，以及从货币而非生产资料中获取收益的事实，都可以证明这一点（Lahart, 2011; Lewis, 2018）。

在这一系列问题中，人力资本的作用是什么？我认为这个相对较新的概念从根本上来看是用词不当。人类提供劳动力，而真正的资本是机器。我们之前看到，正如马尔萨斯预言的那样，人口出现了指数级增长。因此，劳动力并非满足需求的限制因素。这并不意味着我们从未经历过劳动力短缺，但这些短缺更大程度上是政策筛选的结果，比如限制移民或教育机会的不公平准入，而并非劳动力本身的稀缺。

一个更为恰当的问题是：知识的作用是什么？答案是，知识进步对于使资本发挥更有效的作用至关重要。更根本的是，没有知识，物质资本根本无法存在。以磁共振成像（MRI）扫描仪为例：没有大量的物理

物质资本已不再是满足人类需求的障碍

学和工程学知识，我们无法制造出这样的设备。然而，在一个能满足所有人需求的世界里，建造同样的机器可能不需要金融资本介入，因为人们可能无须事前支付工人工资。如果有足够的知识，比如制造先进的机器人的技术，那么未来就能在不依赖人力资本（人工劳动）的情况下建造设备。

总之，我们应认识到，金融资本的积累本身对于满足我们的需求并没有直接的作用。设想一下，一艘装满黄金的西班牙帆船在风暴中挣扎，尽管船上的水手们拥有足够的金融资本，但为了生存，他们实际所需的是更多知识或更强的物质资本。例如，如果他们对气候有更深的了解，就可以绕开风暴；或是，如果他们有更坚固的船只，就能安然渡过风暴。反倒是那些黄金会成为生存的负担——抛弃黄金可能帮助船更快逃离风暴。

现在我们来审视一下物质资本是否足以满足人类的需求。

个人需求不再受物质资本的限制

我提出的观点是，资本已不再是限制我们满足个人需求的因素，对于发达经济体来说尤其如此，但全球范围内这一现象也越来越普遍。我将从维持身体活力的需求开始展开讨论（更多相关支持信息，请参阅附录）。

氧气：我们呼吸所需的空气非常充足，核心挑战在于确保空气是干净且安全的。当前许多发展中国家都在努力解决这个问题，但它们发展迅速，且依赖于传统能源，亟需产业升级，比如以电动汽车取代传统的内燃机车辆。

水： 世界上有足够所有人饮用的水（海洋中就蕴含了大量水资源）。虽然存在分配和获取的问题，包括美国在内（例如密歇根州弗林特的饮用水污染危机），但物质资本并不是其限制因素。我们甚至能够在创纪录的时间内建造新的海水淡化厂。

能量： 我们在农业上取得了巨大的进步。由于生产力的提高，全球用于生产的土地数量的增长率直线下降，用于农业的土地数量可能已经达到了峰值（Ramankutty et al., 2018; Ausubel et al., 2013）。近些年，我们在垂直农业、自动化农业，以及在受控条件下种植植物的实践等方面均取得了重大突破。例如，美国泽西城经营着世界上最大的垂直农场之一，日本室内农业公司（Spread）的自动化设备每天可以生产 30 000 棵生菜（Harding，2020）。

营养素： 这主要是一个知识的问题，因为我们仍然没有完全了解身体到底需要摄入多少营养素。我们可以从食物中获得大部分营养素，但我们可能需要摄入一些补充剂。需要补充的量往往很少，而且我们已经可以生产很多了（在发达国家，整个行业如雨后春笋般涌现，他们试图说服人们购买他们不需要的食品补充剂）。

排泄： 这主要是通过现代污水处理技术实现的。在这方面，资本也不再是一种限制性条件，尽管它还存在在世界各地分布不均衡的问题。

接下来，我们需要考虑的是与人类生存环境相关的需求。

温度：人类建造房屋的速度非常快，这与供暖和空调一样，是满足人类温度需求的关键解决方案。在 21 世纪初，美国曾出现过建筑热潮，人为压低抵押贷款促进了建筑业的繁荣。尽管其中很多房屋是投机性的，一直空置着，但它有力地证明了人类的建设能力。

服装：服装是另一个满足我们温度需求的策略。包括美国在内，世界上许多地方的服装价格一直在下降。在这里，资本并不是一个限制因素，事实上，我们有能力为全世界的人提供更多的衣服。

压强：幸好我们不必为生存而奔波，因为我们有足够的空间让人类在合适的压强范围内生活。这是一个很好的例子，说明了我们根本不需要考虑太多，但是如果陆地不再适合居住，我们就不得不进入水下或太空，这将是一个非常严重的问题。

光：我们已经非常善于提供光。一项研究显示，美国劳动力 60 小时所提供的光照时间从 1800 年的 10 小时左右激增到 1990 年的 10 万小时以上（Harford, 2017; Nordhaus, 1994）。从那以后，我们在 LED 照明方面取得了长足的进步。这种进步也出现在世界上许多其他地方，离网太阳能灯就是一个例子。

再来看看更抽象的个人需求。

疗愈：我们经常读到，医疗保健消费在经济中所占的比重越来越大，尤其是在美国，但这并不意味着资本稀缺。工业化国家有大量的医院和医生诊室。但是，你可能会问，新冠疫情不是表明了我们没有足够的病房吗？答案是否定的，及时对病毒做出反应的国家展示了其良好的应对能力。

总的来说，资本是可靠的，可以治愈创伤。我们有足够的医疗设施，能够生产大量的药品。

学习：在学习方面，我们也不受资本的约束。这种情况不仅在工业化国家越来越明显，而且在全球范围内也是如此，这得益于无线网络的扩展和智能手机越来越便宜。我们离达到这样一个目标已经不远了，那就是我们有足够的资本让世界上的任何人学习任何可以通过互联网传播的东西。我们面对的约束因素是内容的可用性，以及学习和教学所需的时间。

意义：个人的终极需求，即对意义的需求，不是也从来没有受到资本的约束。资本在满足我们的需求方面没有发挥任何作用。

我们的集体需求已得到极大满足

一开始，资本与人类的集体需求之间的联系似乎很难理解。资本怎么可能与动机和协调这样的抽象概念有关联呢？在阐述当今资本已绰绰有余地满足我们的集体需求的理由时，我还将简要说明，在这些方面，过去资本是怎样一种稀缺资源。

繁衍：可用的资本对于再生产来说是足够的，否则人类现在就不会存在。

分配： 在工业时代，如何配置资本，例如在何处建厂以及生产什么，是分配的核心问题。当时由于资本稀缺，这个问题非常棘手。道路和交通工具不发达，能建厂的地点就相当有限。找到恰当的位置并建造适合的工厂远比今日来得困难，因为现在我们可以将产品运输至全球各地，那么资本的分配问题就不再受到资本本身的限制。既然资本不再稀缺，它也就不再是分配的主要难题。接下来我们会看到，它已被注意力的分配所取代，而注意力分配与资本关系不大。

动机： 同样，乍看之下，资本似乎与动机无关。但思考一下早期工厂工人的工作环境：他们一般买不起自己生产的产品；那个时候的工人被迫进入工厂工作，这一状况在世界某些地区的某些产业至今仍旧存在（例如服装业和硬件组装业）。与之形成鲜明对比的是，第二次世界大战之后的相当长一段时间里，更发达的经济体已经积累了相当数量的资本，这使得工人能负担得起的商品的大规模生产成为可能。当然，除了工资能买到的东西，动机可以源自工资所能买到的东西之外的其他东西，包括帮助他人（例如医疗保健）或应对敌人（如战时生产）等。关键在于，如今动机原则上不再受资本制约。

协调： 满足协调需求的主要方法之一是沟通，它长期受到资本的严重限制。但现在，我们几乎可以和世界上任何人进行实时视频会议，在一些尚未实现覆盖的地区（比如非洲的某些地区），情况也在迅速得到改善。

知识： 长久以来，我们对知识的集体需求也受到资本的限制，例如书籍的制作既昂贵又耗时，而且只能由人工复制，容易出错。知识传播因必须制作并提供实体副本而受限，而这些限制我们现在已经可以克服。资本稀缺对知识的影响也体现在其他方面，例如，我们曾经缺少足够的科学仪器（比如显微镜）去观察物质。相比之下，今天我们有能力建造大型科学设施，比如大型强子对撞机。

助力因素的进展，使得资本不再是稀缺资源

我们在能源、资源、转化和运输这四个基础推动因素上的进展，也说明了为什么资本不再是稀缺资源。工业时代，这四个方面都取得了重大突破。

能源：能源方面最关键的进展是电力的发展，它让我们能够精确地使用能源。我们目前面临的挑战主要与电力的生成、储存与分配相关，但随着技术的不断改进，我们有望以全新的方式满足各种需求。从根本上说，我们并没有遭受能源短缺的困扰。例如，按现有效率，太阳能板只要能覆盖地球表面不到 0.1% 的面积，就足以满足当今的全部能源需求（Berners-Lee，2019）。

资源：通过采矿，资源的可用性在工业时代发生了革命性变化，这得益于运输（铁道）和能源（蒸汽动力）的创新。关注可持续性问题的人有时会指出资源稀缺是我们面临的主要问题，但未来我们有三个潜在资源来源：回收、小行星矿物开采，以及最终实现的元素转化（就像炼金术士将铅变为金的尝试）。举个例子，很多电子产品目前是被丢弃而不是被回收的；我们最早在 2001 年就实现了小行星的软着陆；我们甚至已经能够将锂转变为氖。

11
物质资本已不再是满足人类需求的障碍

转化： 在工业时代，我们改造材料的能力也有了根本性的进步。例如，化学技术让橡胶的人工合成生产变为可能——橡胶以前必须从树上采集。机械加工技术使木材和金属能被快速加工，之后我们又引入了注塑和增材制造（通常被称为"3D 打印"）等技术。

交通运输： 从依赖人力、畜力和风力的移动方式发展到机械驱动，极大地提升了人类的运输能力。现在我们可以通过商业航班跨越大陆与海洋，在一天之内到达世界上任何一个主要城市，并且在飞行安全方面取得了显著提升。尽管有人抱怨最近在交通运输上进展不多，例如指出在协和式客机退役后没有商业超音速飞机可供选择，但最近，新式商业超音速飞机的开发已经重新启动。此外，我们在可重复使用的火箭和无人驾驶技术（如无人机和在仓库里使用的机器人）方面也取得了巨大突破。

在这些助力因素上取得的进步，让我们能够更快、更便宜地生产更多的物质资本，并将其运输到世界各地。进展的一个具体例证是智能手机，尽管它们在 2000 年才面市，但到 2017 年，全球智能手机用户数量就超过了 20 亿。

我并不是说现在每个人的需求都已得到满足，也不主张政府应该通过诸如食物券或补贴住房等政府运营的项目来满足人们的需求——实际上恰好相反。我的核心观点是，物质资本已不再是满足个人需求和集体需求的障碍。

资本主义巨大的成功在于资本不再稀缺。 但我们当前面临的是注意力的稀缺问题，正如后文将提到的，要妥善应对这种新型稀缺，如果不在社会监管和自我管理方面进行根本性的变革,那么资本主义体系是无能为力的。

THE WORLD AFTER CAPITAL

第三部分

市场失灵：
无法有效分配注意力

THE WORLD
AFTER CAPITAL

  在谈论注意力稀缺时，我的意思是当前的注意力并不能满足我们的需求，这正是本书这一部分旨在阐述的内容。首先，我会对注意力进行定义，随后通过一系列实例说明，由于缺乏注意力导致一些需求（如对生活意义的渴求）无法得到满足，或许不久的将来可能会出现得不到满足的风险。其次，我将探讨当前有多少人的注意力正被工业时代的活动所消耗，并论述数字技术如今的使用方式（比如基于广告的社交网络）是如何进一步牢牢捕获人们的注意力的。同时，我也会讨论市场经济体制为何无法有效分配注意力。

THE WORLD AFTER CAPITAL

12

缺失关注的重要议题

人类还没有将足够的注意力投入
我们共同追求的更多知识上，
以应对当前面临的威胁并
把握未来的机遇。

THE WORLD AFTER CAPITAL

12
缺失关注的重要议题

注意力之于时间正如速度与速率的关系。假如我说我以每小时约90公里的速度行驶，这并不能告诉你我要去哪里，因为你不知道我要朝哪个方向开。速度是包含方向的速率。同样，我若告诉你，我昨天花了2小时与家人相处，那同样并不能反映出我们的思想指向——我们可能是在进行深入交谈，也可能只是各自沉溺于手机之中。注意力是包含意向性的时间。

人类的注意力是有限的资源。我们每天有24小时，一部分时间必须花在生活上，例如吃饭、睡觉以及满足其他日常需求。对大多数人来说，其余的时间被工作赚钱和消费商品及服务占据，导致真正用于自由分配的注意力非常有限。而对于整个人类来说，也存在可用注意力的上限，就像我之前论述的，**随着人口达到峰值，我们将无法通过增加人口来增加可用的注意力总量。**

至关重要的是，无论是个人还是整个社会，我们都无法回到过去重新利用曾经的注意力。一个考前没有准备好的学生不能回到过去投入更多时间学习；同理，一旦世界在毫无准备的情况下进入大流行，人们就不可能回头去更深入地研究冠状病毒。

个人层面的注意力稀缺

首先，我们来看个人层面的注意力问题。在重大变迁时期，绝大多数人忽视了关于生活目标的重要问题，以至于对生活意义的渴望无法得到满足。

近些年来，无论在世界哪个角落，人们都习惯于以工作和信仰为中心来构建生活的意义，然而这两种价值观都受到了数字技术的冲击。大量工作岗位因自动化或外包面临巨大压力。同时，思想、图像和信息不再受地理限制，导致人们越来越多地接触到与其核心信念不符的观点和行为。这两种挑战的叠加导致了认同和意义方面的危机，它可能表现为不同形式，包括青少年抑郁、成年人自杀（在美国的中年白人男性中尤为常见），以及致命的药物使用过量现象（Rodrick, 2019; American Foundation for Suicide Prevention, 2019）。数据显示，在 2006 年到 2019 年，以上这些问题分别增加了 99%、26% 和 43%（见图 12-1）。

我们目前的情形与当初人们离开乡村、涌入大城市的情形颇为类似，那是在向工业时代过渡的时期，他们不得不舍弃围绕土地和手工艺构建的身份。随着工业化的全球蔓延，这一过程仍在继续。这批人从自己的大家族中被迫分离出来，面对的是拥有不同信仰的外地人。在那个时代，精神疾病、药物滥用和自杀率也显著上升。

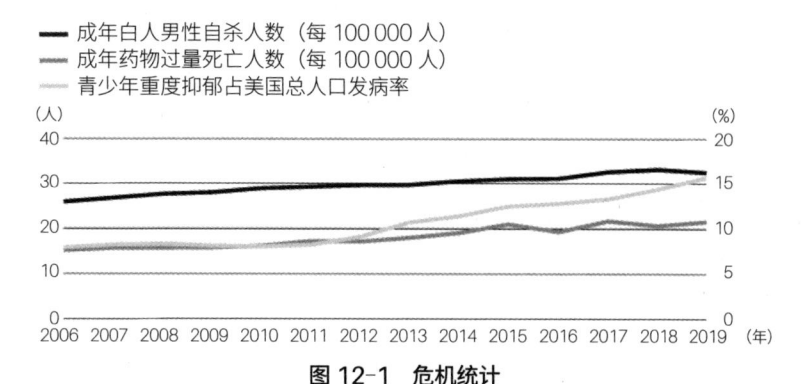

12
缺失关注的重要议题

图 12-1　危机统计

资料来源：CDC,2020; National Center for Health Statistics, 2019;Substance Abuse and Mental Health Services Administration,2020,2019。

在工业时代，个人的意义感几乎被忽略了——个人强烈的目标感很难与日复一日的机械化工作并存。尽管如此，宗教在工业时代初期仍是大多数人人生意义的来源。但随着工业时代的发展，人们不再青睐教堂，工作和消费渐渐成为人们寻找意义的新来源。这种变革的一部分可以追溯到"新教工作伦理"的兴起，它为新兴职业（如律师和医生）及管理者阶层的财富积累提供了理由。另一部分源自商业广告的大规模增长，它们巧妙地将消费与追求自由（例如著名的骆驼牌牛仔香烟广告）和幸福等愿望联系起来。人们甚至提出了"购物疗法"这样的概念，认为购物可以提升幸福感。

与以往的社会转型类似，在当前的数字化巨变中，我们再度见证了传递简单化信息的民粹主义领袖的崛起，诸如美国的特朗普和匈牙利的维克托·欧尔班（Viktor Orbán）。近期研究显示，自20世纪60年代以来，欧洲民粹党派的平均得票率翻了一番有余（Inglehart & Norris，2016）。在目标和信仰被动摇的情况下，意义感丧失的人们急切希望被告知"一切都会好的"和"答案很简单"。这些宣扬回望过去的运动，承诺带人们回归昔日的辉煌。同样，我们再次看到去教堂的人又多了起来，各种精神运动兴起，它们承诺能迅速恢复个人追寻意义的途径。相比之下，通过个体探索目标、独立检验并形成信念来创造新的人生意义，需要更多的注意力，如此集中注意力非常困难，我们将在本书后续章节详细探讨其原因。

这种对个人目标缺乏关注的现象并不仅限于特定的人群。靠多份工作勉强维持生计的人显然会受到影响，而许多高收入的人同样如此。他们不仅工作时间比以往任何时候都长，而且个人开支也增加到了他们无法辞职的程度。有人可能认为这是教育水平不足引起的，但我经常遇到一些来自顶尖高校、渴望加入科技创业公司或进入风险资本领域的年轻人，他们大多在寻求申请特定职位的建议。在讨论一番之后，我通常会引导他们思考一个更开放的问题："你对这个职位有什么期待？"这往往能引出更丰富的回答，他们或许会提到想学习一门新技能，或是希望能够运用近期学到的技能。有时候，人们会表达出为某项事业做贡献的愿望。而令人惊讶的是，当我问他们"你的人生目标是什么"时，很少有人对这个问题进行过足够深入的思考以及给出答案。这些年轻人仿佛是第一次面对这个问题，然后突然认识到仅仅"赚大钱"实际上并不是能为生活带来意义的真正目标。

集体层面的注意力稀缺

当我们谈论集体注意力的稀缺时，不得不说人类还没有将足够的注意力投入我们共同追求的更多知识上，以应对当前面临的威胁并把握未

来的机遇。

谈到我们面临的威胁，我们在减少大气中的二氧化碳和其他温室气体浓度、监测可能撞击地球的小行星并提出偏转措施，或是控制疫情及未来流行病的工作上，投入的努力远远不够。

气候变化、来自太空的威胁和流行病是几个对人类在物种层面构成威胁的例子。正如我之前所述，是技术进步使我们得以维持当前的全球人口规模。而这些类型的风险有可能彻底威胁到我们满足个人需求的能力，例如气候危机可能导致全球粮食大规模歉收，使得我们无法满足人们对能量和营养的需求。这不是杞人忧天：这种情况曾导致过以往的人类文明（比如复活节岛的拉帕努伊人和玛雅文明）的衰败，这些文明的崩溃可能部分是由他们自身行为导致的小范围气候变化造成的（White, 2019; Simon, 2020; Soligson, 2019）。而今，我们正面临着一场真正的全球性气候危机，我们应当将人类的大部分注意力用于应对这一挑战。

在机遇方面，人类在环境清洁、教育资源和基础研究等领域投入的注意力过少。这方面的清单几乎没有穷尽，包括量子计算的发展和机器智能的进步。机器智能尤为引人注目，因为它能够帮助我们更快地获得更多知识，有助于缓解注意力的稀缺。

这并不意味着每个人都必须成为科学家或工程师——还有很多其他方式可以投入注意力以应对这些威胁和机遇。例如，学习有关气候危机的知识、分享这些知识和参与政治活动，都是注意力的分配方式，能够直接或间接地产生更多知识。创作能启迪他人的艺术作品，无论是激励他人直接采取行动，还是通过唤起我们共同的人性来寻求意义，同样重要。因此，当我讨论我们未能产生足够的知识时，我不仅仅是指科学知识，而是指前文定义的全部知识领域。

注意力稀缺是难以解决的问题，因此我倾向于将它作为费米悖论的一个可能解释。物理学家恩里科·费米（Enrico Fermi）曾经提出疑问：尽管我们知道有许多可能孕育智能生命的星球，但为什么我们还没有侦测到宇宙中其他智能生命存在的迹象？对此已有多种解释，例如我们可能是第一个也是唯一的智能物种，或者更先进的智能物种因为害怕被更高级的物种攻击，而选择保持沉默（正如刘慈欣的科幻三部曲《三体》所设定的情节）。或者，可能每一个文明都在发展到拥有足够资本后就由于注意力稀缺而迅速灭亡，不是被大规模流行病所消灭就是因陨石撞击星球而灭绝。如果能够制造无线电的文明并不长久，那么它们存在的信号与我们相遇的概率极低。

那么，为什么我们在分配稀缺的注意力时如此失策，以至于产生了可能导致灭绝的气候危机？一个重要原因是我们目前依靠市场机制来分配注意力。接下来的章节将解释，市场机制是如何将大量注意力聚焦于少数几个体系（如Facebook）中，同时也将很多注意力困锁在工业时代的活动中的。最后，我们将探讨为什么市场从根本上无法有效地分配注意力，这将揭示资本主义的关键局限。

THE WORLD AFTER CAPITAL

13

数字技术的发展导致了注意力的误分配

数字技术在近年来主要起到了
误导注意力的作用。

THE WORLD AFTER CAPITAL

13
数字技术的发展导致了注意力的误分配

相对于面临的巨大挑战与机遇，我们已经看到，注意力是稀缺的，恰当分配我们所拥有的注意力成了人类面临的一个关键挑战。我们之后将看到，数字技术可以如何帮助我们应对这个挑战。然而，数字技术在近年来主要起到了误导注意力分配的作用。

互联网使我们可以接触的内容量指数级增加。人类产生的绝大多数记录内容都是在最近几年里产生的，这是数据制造速度指数式增长的直接结果（Marr, 2019）。这导致人们极易感到不知所措。我们有限的注意力很容易被日益增长的内容吸引，这些内容旨在激发我们的好奇心和占据我们的注意力。我们尚未完全适应现今的信息环境。每当检查电子邮件，浏览 Twitter、Instagram，或者观看一个又一个 YouTube 视频片段或 Snapchat 故事时，都会获得一种"信息刺激"，它激活了我们大脑中受新奇、社会联系、性吸引、可爱动物等刺激而进化来的部分。在过去成千上万年的时间里，每当你看到一只猫（或一个性感的对象），意味着真实的猫（或性感的对象）就在你周围。如今，互联网能够提供无限的猫咪（或性感人物）图片。2019 年的数据表明，普通人平均每天花

105

费在社交媒体上的时间将近 2.5 小时，这仅是每天耗费在各类媒体消费上的惊人的 10.5 小时的一部分，占清醒时间的 60% 以上（Kemp, 2020；"The Nielsen Total Audience Report"，2020）。

值得注意的是，我们用以获取信息的主要公司，如谷歌、Facebook 和 Twitter，其绝大多数营收都来自捕获并重新出售人们的注意力。这就是他们的广告业务模式的核心。广告商正在购买人们的注意力。为了公司发展，它们投资开发算法，旨在提供高度定制化且令人沉迷的内容来占领我们更多的注意力。一些新闻网站也在采取同样的做法。

用有特定吸引性的内容来占据注意力要远比让我们阅读长篇大论或通过独立分析证据去理解一个复杂论点来得容易，这是因为前者会刺激我们大脑中喜爱小猫、觉得他人性感或感知冒犯时产生愤慨的部分。操纵这些系统的公司没有足够的经济动力去说服你关闭电脑、放下智能手机，多花时间与家人和朋友相处，阅读书籍，或者是走到户外享受甚至美化环境。金融市场非常注重用户数量和平台使用时长等指标，这些都是评估广告收入未来增长的关键因素。换言之，主导我们如何使用数字技术来分配注意力的市场，其实反映的是投资者和广告商的经济利益，这常常与个人和集体利益不相符，甚至背道而驰。我们稍后会深入探讨，这个问题实际上根植于更深层的原因，因为实际上我们不可能构建一个恰当的注意力市场。

THE WORLD AFTER CAPITAL

14

注意力市场的两大困境

由于担心自动化会降低劳动力价格，
我们有可能陷入一个低创新的怪圈。

THE WORLD AFTER CAPITAL

在数字技术不断侵占我们大量注意力的今天，我们应该考虑到这些注意力主要被用在哪些方面。毫不意外的是，鉴于我们正在从工业时代开始过渡，绝大部分人的关注点仍集中在工业时代的活动上，尤其是劳动和消费。例如，美国许多人每周工作超过 40 小时，占据了他们清醒时间的 35%（这是基于每晚 8 小时睡眠的假设）。而今，美国人每天大约花费 10.5 小时来消费媒体内容，包括传统的电视与广播，也包括 Facebook、YouTube、奈飞等提供的服务，以及播客、游戏等多种形式，若不考虑同时使用的情况，这些活动已经占用了他们超过 60% 的清醒时间（"The Nielsen Total Audience Report", 2020）。为了解释我们如此多的注意力已被预先占用的原因，我将介绍一下"工作循环"(job loop)的概念。

经济困局：日益恶化的工作循环

冷静地思考劳动是有难度的，因为在过去几个世纪里，就业被看作经济和个人尊严所不可或缺的部分。从生产角度来看，想要制作产品或提供服务，你需要建筑与机械（即资本）、原材料或零件（供给）以及人力（劳动力）。在历史上的大部分时间里，资本和劳动是相互补充的：没有劳动力，公司所有者就无法使用其物质资本，在制造业就是如此，而在服务业，由于通常物质资本较少，主要由劳动力构成，这种情况会更加明显。

但是，经济学并没有规定生产过程必须依赖劳动力。相反的是在经济学家发展生产理论时，生产函数中对劳动力的考虑却并不是这样的。如果公司所有者能够找到使用较少或无须劳动力的、更具效益或更好的解决方案，他们就会采取这种做法。比如，当即时通信工具 WhatsApp 以 190 亿美元被 Facebook 并购时，公司员工不足 50 人。

对单个公司而言，不依赖劳动力的模式或许可行，但对目前建构的整体经济而言却非如此。如果没有工作，人们将没有收入，那么谁来购买由自动化系统生产的商品和服务呢？美国汽车工人联合会在 20 世纪 50 年代的领导人沃尔特·鲁瑟（Walter Reuther）常讲述他与福特汽车公司官方代表的对话：

福特官方代表问："你打算怎样向这些机器人收取工会会费呢？"

沃尔特·鲁瑟反问："你打算怎么让它们购买福特汽车？"
（O'Toole，2011）

如果我们每个人都有遗产或足够的资本收入，那么一个没有劳动力的经济体系并不成问题，我们可以享受由机器人和自动化所带来的低成本产品和服务的益处。

14

注意力市场的两大困境

劳动力减少导致消费需求下滑,这个担忧长期以来被认为不太可能甚至不可能发生。经济增长的核心在于一个良性循环,即"工作循环"。

在当前的经济中,大多数人依靠出售他们的劳动生产商品与服务,并以此换取工资。用这些工资,他们能够购买智能手机、书籍、工具、住房和汽车。他们还能购买律师、医生、汽车维修工、园丁和美发师等专业人士的服务。

销售这些商品和服务的人,也是以劳动换取报酬,再用这些收入购买其他人提供的商品和服务。如此这般,一个循环接着一个循环,周而复始(见图 14-1)。

图 14-1　工作循环

结合竞争激烈的商品与服务市场以及运作良好的金融体系,工作循环曾获得了惊人的成功。企业家通过债务或股权融资来创办新企业,并常常向员工支付高于老企业的工资,这种做法提高了员工的购买力,进一步催生了更多创新和增长。从扩大经济生产和解决市场擅长解决的问题这两方面来看,这是一个带来史无前例的繁荣和创新的良性循环。

虽然有人可能会指出，如今许多人都是自由职业者，但只要他们还是在出售自己的时间，这就变得不那么重要了。比如说，独立承包商身份的平面设计师所得报酬依旧是基于他们在项目上投入的劳动，但如果他们设计的是可以重复销售而不需再投入时间的产品，如一套图形模板，他们就有了跳出工作循环的机会。

如今，这个良性的经济循环正面临着许多问题。

首先，它占据了大多数人的注意力，正如本章开头我们所计算的那样。

其次，经济出现收缩时，相互强化的效果会产生反向作用。举个例子，如果一个小镇上有些本地商店提供就业，当一家大型超市进入时，零售业的整体就业人数和工资水平都会下降。结果是，能拿工资的店员少了，每人到手的收入也更少了。如果他们开始减少开支，如减少理发和汽车维修的次数，那么理发师和汽修工的收入就会减少，因而他们也会缩减消费，以此类推。

最后，当今的许多消费行为被大量花在广告上的巨额开支驱动，以及受社交媒体上的曝光所影响，诱使人们屈服于欲望进行炫耀性消费，如购买比邻居更大的汽车。这种更高水平的支出，反过来迫使人们留在他们讨厌却又无法离开的工作上，这在很大程度上解释了许多收入相对较高的专业人士（如律师和银行家）的挫败感。

换句话说，**曾经的良性循环已演变成一个恶性循环，它在很大程度上限制了人类的注意力。**本书中很大一部分内容都致力于阐述如何摆脱这个恶化的工作循环。将其视为一个迫切问题不无道理，因为劳动与资本之间的关系改变，已导致工作循环愈演愈烈的恶性发展。

GDP 持续增长与家庭收入停滞不前的悖论

要弄明白工作循环发生了什么变化，我们需要关注一种被称为"大脱钩"（The Grect Decoupling）的经济变迁（Bernstein & Raman, 2015）。随着第二次世界大战后几十年间美国经济的增长，劳动力占其国内生产总值（GDP）的份额是与之同步增长的。但是，从 20 世纪 70 年代中期开始，GDP 持续增长的同时，美国的家庭收入却停滞不前（Economic Policy Institute，日期不详；见图 14-2）。

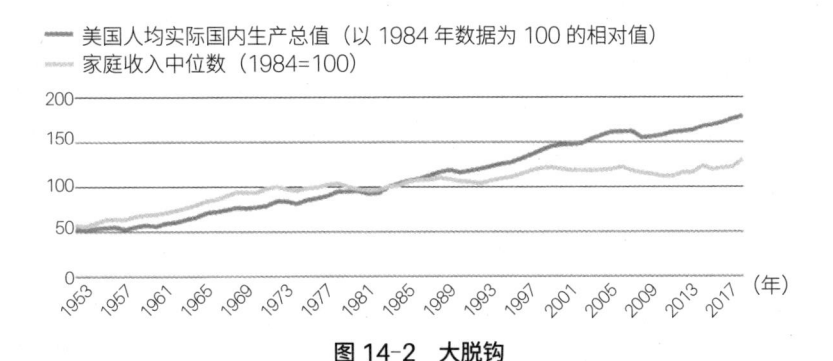

图 14-2　大脱钩

资料来源：Federal Reserve Bank of St.Louis,2021a。

在这段家庭收入停滞不前的时期，特别是从 20 世纪 80 年代中期开始，美国 GDP 的增长越发依赖于消费者债务的推动（见图 14-3），一直到触及了家庭债务的极限。美国房地产泡沫的破碎是真正表明这一点的事件。一些证据表明，新冠疫情引发的失业率大幅上升，说明我们正处于另一个类似的拐点。

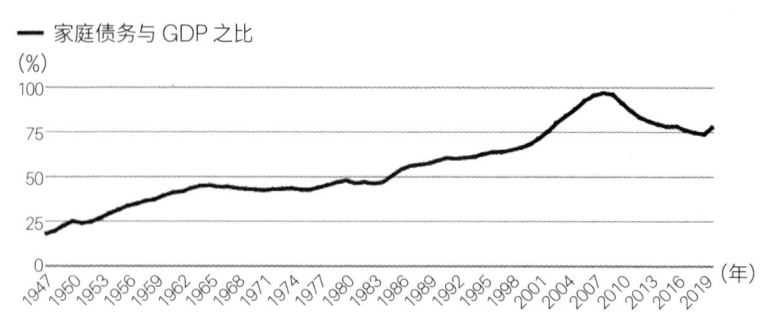

图 14-3　美国家庭债务与 GDP 占比

资料来源：Federal Reserve Bank of St.Louis, 2021b; 2021c。

我们在其他发达经济体中也观察到了类似的变化。这种脱钩现象可能部分受人口结构变化影响，但主要驱动因素似乎是技术革新。随着技术的加速创新，就业市场的压力也将越来越大。尤其令人担忧的是，发展中国家大量的工作岗位面临着自动化的威胁（The Economist，2016）。这意味着这些国家可能完全错过了工作循环的黄金时期，或者只能体验到一个大幅缩水的版本。

因此，尽管我们致力于打破在工作循环中束缚注意力的局面，我们也必须谨慎地逐步实现这一目标，而不是让它突然崩溃。但是，这种突然崩溃真的有可能发生吗？

"劳动总量谬误"还是"新奇就业谬误"？

由于工作循环仍然占据主导地位，人们不得不出卖自己的劳动力以换取生计。过去，大部分经济学家相信，当一个经济活动领域的人工劳动被技术取代时，工人会在另一个领域找到工作。他们将对技术性失业或就业不足的担忧称作"劳动力总量谬误"。

这一论点认为，经济某些部分的自动化释放了原本的劳动力去从事其他工作，例如，企业家有可能利用这些新释放的劳动力来创造新的产品和服务。在他们看来，劳动力需求并没有固定的限额，相反，潜在的工作机会是无穷的，毕竟在历史上我们就是这样发展过来的。那么，为何现在会有所不同呢？

要理解现状为什么可能与以往不同，可以通过考察马在美国经济中的作用来做出解释。在 1915 年，美国农业和运输领域用到了 2 500 万匹马；而到了 1960 年，这个数字骤减至 300 万；之后人们甚至不再进行统计，马的角色被完全边缘化了（Kilby，2007）。马的数量减少，是因为我们发明了拖拉机、汽车和坦克，马已经没有什么用途优于机械替代品了。经济学家瓦西里·列昂惕夫（Wassily Leontief）在《机器和人》（*Machines and Man*）一文中提出，人类也可能面临同样的境遇（1952）。

无疑，人类比马拥有更多样化的技能，这就是我们一直能找到新工作的原因。那么，变化来自何方？归根结底，许多曾经我们认为只有人类才能做的事情，现在计算机也能做到，比如开车。数字技术带来了几乎零边际成本的普适计算能力。忽然间，人类的技能可能无用武之地这一想法不再那么难以想象了。

但那些认为这种想法属于劳动力总量谬误的人争辩说，我们忽略了一个新的可能性，即那些能够容纳劳动力的新的人类活动领域。然而，这种想法可能同样存在漏洞，仅靠我们在过去发现了新工作，并不能推断未来也一定如此。我称这种过分乐观的想法为"新奇就业谬误"。

我们在构想新的消磨时间的活动时可能极富创意，但对于那些出卖劳动力的人来说，真正的问题是他们能否获得足够的收入来满足基本需求，如食物、住宿和衣服。在这个问题上，决定因素是能否找到成本更低的替代方案，无论是机器还是其他人。

这就是"神奇就业谬误"的核心问题所在。经济理论并没有指出劳动力的市场出清价格（既不失业也不存在劳动力短缺的工资水平）应是怎样的。它可能远远低于满足人们生活所需的水平，这会对众多人构成短期内的生存威胁。因此，我们面临着一个两难选择：**一方面，我们想要使人们的注意力解放到工作循环之外；另一方面，我们希望避免工作循环的突然崩溃。**要理解我们怎样才能达成这两个目标，我们需仔细考虑劳动力成本与创新之间的关系。

增加的劳动成本有助于自动化创新

一些人认为工会使劳动力变得昂贵了，从而导致产品和服务价格高昂。实际上，劳动成本增加反而促使我们提高效率：面对劳动力成本上升的挑战，企业家通过研发更高效的机器来降低对人工的需求。在印度等国家，由于廉价劳动力数量众多，长期以来缺乏投资机器的动机，因为使用人工比使用机器成本更低。

在全球范围，由于担心自动化会使劳动力变得廉价，我们有可能陷入一个低创新的怪圈。例如，在机器能够更安全地完成相同的工作之后许多年内，我们仍然会选择让人类继续开着卡车长途运输（Wong, 2016）。如果你可以用最低工资雇人完成工作，那么进行自动化改造的动力又在哪儿呢？

有人反对自动化创新，认为工作是人们身份的重要组成部分。假设你做了多年的卡车司机，如果失去了工作，你又将是谁？这个问题似乎很合理。但我们需要记住的是，将人生目标与职业紧密联系起来，而不是与宗教或社群身份等联系起来，这本身就是工业时代的现象。

如果我们想通过自动化来解放人类的注意力，就需要重新思考解决这些问题的办法。这将是第四部分的讨论重点。但在探讨这一部分之前，我们必须先搞清楚一个问题：**为什么资本主义本身不能解决我们面临的这些挑战？**

THE WORLD AFTER CAPITAL

15

三大内在局限，让资本主义无法克服注意力稀缺的挑战

数字技术推动了市场力量和
财富集中的飙升,
我们所见的结果呈现出
所谓的幂律分布。

THE WORLD AFTER CAPITAL

三大内在局限，让资本主义无法克服注意力稀缺的挑战

资本主义至今取得了巨大成就，然而，若不对现行监管体制做出重大调整，资本主义就无法克服注意力稀缺的挑战，原因在于其三大内在局限。第一，我们应该关注的某些领域总是缺乏相应的价格。第二，面对数字技术带来的财富及市场权力的集中趋势，资本主义的应对手段十分有限。第三，资本主义倾向于优先保障资本利益而非知识利益。正是因为资本主义的成功，我们现在就需要变革，因为遗留下来的问题是它无法解决的。

在价格缺失的世界，非经济领域不可定价

资本主义无法帮助我们合理分配注意力，因为它依赖的是由市场决定的价格体系。价格机制能够有效集合关于消费者偏好与生产者能力的信息，可并非所有事物都适合定价。不可定价的事物越来越多，如太空探索的益处、气候危机的代价，以及个体的生命价值，它们的重要性正在逐渐超越那些可定价的事物。

不可定价事物的存在不仅仅是市场缺失的问题（这个问题我们可通过监管解决）。**第一个基础性难题是数字领域复制发行的零边际成本所带来的。**从社会的角度来看，我们应当免费提供所有知识和服务，比如医疗诊断，但这意味着依赖价格机制运作的市场会导致数字资源生产不足。这与工业时期的情况正相反，当时由于负外部性（如污染）的存在导致生产过剩；相对于工业时代，知识时代充斥着正外部性，如学习带来的益处，这意味着生产不足。如果我们仅依赖市场机制，我们就不会对创造免费教育资源给予足够的重视。

第二个基础性难题是不确定性。价格机制在汇集信息时也面临挑战，因为若没有相应信息它就失效了。对于极为罕见或从未发生过的事件，我们无从得知其发生的频率或影响程度，这使得价格机制无法对此类事件做出有效响应。举例来说，大型小行星撞击地球的事件可能隔数百万年才发生一次，因此没有任何价格可以帮助我们将注意力分配到探测它们和建立探测它们的系统上。相对于它们可能造成的巨大破坏，我们对这类问题的关注近乎微不足道。

第三个基础性难题是新知识的创造和普及。如长远目标和市场短期生产或服务需求并不重合，价格机制的作用就越小。比如早期的航空探险家，他们追求飞行是因为兴趣所在，而非因为明显的市场需要。或以早期量子计算为例，实际应用还需数十年才能落地，彼时的价格机制无法促使此时的人们重视这一领域。因此，大量诸如此类知识的产出需要依靠政府资金项目、学术机构以及奖金等其他机制来分配注意力。

**第四个基础性难题是市场和价格存在的基础在于必须有众多的买

方（需求）和卖方（供应）。但对于个人深层次的需求，例如花时间陪伴孩子或探索生命的意义，却不存在供需关系。资本主义在这方面没有任何帮助。

我们可以将这些例子归纳为，世界可以分为经济领域（有价格存在）和非经济领域。基于市场的注意力分配只在经济领域内有效，而在非经济领域，如果没有足够的制衡机制，那么其分配就会受到损害。这就解释了为何一些高收入家长无法给予孩子足够的时间，或者为何许多学者不是在处理气候危机，而是忙于优化广告算法。

数字技术带来的不平等

收入和财富的分布可能出现多种结果，这取决于生产函数的本质和政府的监管。工业化之前的手工生产函数有其特征，如一位手工制鞋的鞋匠，其生产鞋子的数量是有上限的。但是工业化和规模经济的到来改变了局面。例如，在生产汽车方面，产量越高，成本就越低。这就是为何长时间以来，全球仅有少数几家汽车制造商，而幸存企业的所有者都拥有巨额财富。然而，即便这些制造企业规模庞大，它们之间的竞争依然非常激烈，这限制了它们所能掌握的市场权力和财富。与此同时，许多服务行业，如美甲沙龙和餐饮业，规模经济较小，保持着高度竞争。但金融服务行业却是一个例外，几家大型银行、保险公司和经纪公司长期主导着这一行业，这一趋势因数字技术的影响而进一步增强。

这种向幂律转变的趋势导致了巨大的收入和财富不平等，程度甚至超过了 20 世纪初的峰值。超过一定水平的不平等对社会是有害的，因为富人生活在一个与大众面临的问题完全脱节的世界中。

呼啸而来的经济奇点

数字技术助推下的市场垄断

数字技术推动了市场权力和财富集中度越来越高，可视化的结果（如公司收入水平）呈现出所谓的幂律分布：最大的公司远超次大的公司，而这些公司又远超第三大公司，如此类推。这种模式在数字技术及其主导的行业中普遍存在。举例来说，在 YouTube 上，最热门的视频有数十亿次的观看量，而大多数视频的观看量却寥寥无几。在电商领域，亚马逊的规模要比其最大竞争对手大一个数量级，更不用说其他电商公司了。应用程序市场也是类似，领先的应用拥有数亿用户，但大多数应用的用户寥寥无几。

正如之前所述，数字技术通过零边际成本以及网络效应共同助长了这种现象。网络效应指的是，当越来越多的人或公司加入某项服务时，该服务对所有参与者而言都会变得更好，正如 Facebook 扩张会使新老用户都能联系上更多的人。因此，一旦公司规模达到一定程度，新的竞争者想要进入市场将变得极为困难，因为他们最初网络规模小，处于劣势。如果没有适当的监管，零边际成本和网络效应的结合会导致极度不均衡的市场结果。目前，我们已经看到

三大内在局限，让资本主义无法克服注意力稀缺的挑战

Facebook在社交网络领域、谷歌在搜索服务领域的垄断。

除了不平等的社会影响之外，数字领域的大公司还拥有过于强大的政治与市场影响力。比如，当亚马逊入股一家规模较小的在线药房，表明其意图进入医药市场时，大型连锁药店的市值就会遭受严重冲击。过去，由于价格被人为地维持在高位，进而因过高的租金导致市场在资源配置方面过于低效。而如今，在数字市场，强大的企业通常会降低价格或者提供免费服务。虽然这在表面上看来对消费者是好事，但实质上却会因为创新减少而给消费者带来损害——企业和投资者不再尝试将更好的替代产品带入市场，因为他们认为难以与占主导地位的企业竞争（例如互联网搜索领域的创新停滞）。

经济学家熊彼特曾经创造了"创造性破坏"的概念，他描述了创业家如何通过创造新的产品、技术和方法，最终取代旧的经济结构（Kopp, 2021）。的确，如果观察当今占主导地位的公司，如谷歌、亚马逊和Facebook，它们都相对较新，并已经取代了工业时代的重要企业。然而在未来，这种所谓的熊彼特式创新只会变得极为困难，甚至根本不可能实现。在工业时代，机器被设计用来完成特定的任务，这意味着，当新的产品或制造技术出现时，已有的机器就会变得无用。而现在，通用计算机可以轻松实现新产品、增加新功能或采用新算法。此外，以信息为关键输入变量的生产函数具有所谓的"超模性"（supermodularity）：你掌握的信息越多，获得的边际收益就越高（Wenger, 2012）。现有公司因此获得了巨大的持续优势，他们从新产品或服务中获得的边际价值远超新进入者。

限制财富再分配，
资本通过有利政策来保护自己

在耕地稀缺的农业时代末期，政治精英多出自地主阶级。他们的影响力持续至第二次世界大战后才开始减弱。现如今，虽然我们已告别了资本短缺的时代，政治精英依旧主要代表着资本持有者的利益。在美国等国家，由于筹资的需求、游说者的影响、资本背景的智库和基金会，以及资本拥有的媒体（例如福克斯公司）操纵的公共辩论，加上全球监管竞争的存在，政客受到资本家的严重影响，使资本所有者得以在政府间斡旋，以限制通过税收进行的财富再分配。以游说为例，过去5年中，最积极参与政治活动的200个公司投入了近60亿美元用于对政策施加影响（Allison & Harkins，2014）。2019年的一项研究显示，此类游说是如何直接作用于立法者后来起草的法律文本的（O'Dell & Penzenstadler，2019）。

所有这些活动带来的直接后果，是那些对资本所有者有利的政策，例如低资本利得税税率。企业所得税税率同样处于历史低位，税法中的漏洞允许企业在税收较低的国家积累利润，这也有利于资本所有者。因此，在许多国家，公司和富裕的个人或家族享有史无前例的低有效税率（以扣除免税和其他减税途径后的应纳税额进行计算）。

公司不仅在金融领域为资本所有者维护和创造利益，还在知识的创造和共享上进行干预。它们积极推动延长版权期限，强化版权保护。科学出版商将知识获取门槛定得如此之高，以致图书馆和大学承受不起高昂的订阅费用（Sample，2018; Buranyi，2018）。

15
三大内在局限，让资本主义无法克服注意力稀缺的挑战

资本主义的一个根本限制在于，如果不进行实质性的改变，它会使政府和政治进程始终聚焦于资本，将我们限制在工业时代的格局之中。若这种状况持续下去，我们会继续过度关注工作和消费，而忽视如个人对人生意义的追求和集体对知识增长的需求等方面。本书的第四和第五部分将探讨如何跳出工业时代的困境，但在此之前，我们需要先深入了解知识的力量和数字化知识循环的潜能。

THE WORLD AFTER CAPITAL

16

知识是驱动技术进步的永恒动力

所有不违背物理定律的
技术进步都应被认为是
有可能并最终可实现的。

THE WORLD AFTER CAPITAL

16
知识是驱动技术进步的永恒动力

你最近有看过电视吗？有在冰箱里储存食物，或者上网、打手机游戏或者开车吗？这些都是世界上数以亿计的人每天在做的事情。尽管相关设备是由不同的公司利用多种技术生产的，但没有知识它们就不可能存在。

正如我之前所定义的，知识是人类记录在某种媒介中，并随着时间改进的信息。记住，该定义有两个关键因素："记录在某种媒介中"，使信息得以穿越时空被分享；"随时间改进"，则将知识与普通信息区分开来。这种改进是关键过程运行的成果，它让我们得以对现存知识提出批判并提供替代方案。这一过程让知识可以更好地帮助人类满足需求。

本章开头，我列举了一些没有知识就不会存在的常用技术的例子，从中不难看出知识的重要性。更有力的例证是，如果没有知识，很多人如今或许根本不会存在。就像我们在讨论人口问题时了解到的，马尔萨斯对人口增长的预测是准确的，但他对其结果的估计是错误的，因为他未能预见到知识不断进步所驱动的技术进步。

举个例子，人类呼吸需要空气，但长期以来我们并不知道空气是由什么构成的。直到 18 世纪末，氧气和氮气这两大空气的主要成分才被以元素的形式确认。

再比如，尽管人类千百年来使用粪便作为肥料，但直至 19 世纪初，人们才开始正式研究它。到了 19 世纪末，科学家终于发现了能将氮元素转化为植物可吸收的形式的微生物。这一发现使人们认识到，氨这一氮氢化合物是一种高效肥料。科学的发展最终促生了"哈伯固氮法"，实现了肥料的大规模生产。这一技术诞生于 20 世纪初，并迅速成为全球农业产量提升的关键，避免了马尔萨斯所担忧的可怕后果。现在，人体中约一半的氮都经历过哈伯过程，它直接参与了我们饮食中植物与动物的生长。

当然，固氮法的发现历史并不是一帆风顺的。有一个时期，人们真的相信某些物质之所以能够燃烧，是因为它们包含一种名为"燃素"的物质，在燃烧或"去燃素化"的过程中被释放出来。不断改进的知识让我们从错误的理论中解脱出来，不仅发现了氧气和氮气，还促进了农业产量的提升，使得人类免于马尔萨斯预言的危机。

固氮法的发现仅是无数知识突破中的一个例子，而这些突破让人类不断跨越看似高不可攀的障碍。思考知识的能量时，我们必须记住，无论个人的一生还是现代科学至今为止的历史，在人类的历史长河中都只是短暂的一瞬，与宇宙的时间尺度相比更是如此。在更长的时间框架中，所有不违背物理定律的技术进步都应被认为是有可能并最终可实现的。这样关于知识的力量的想法，受到了物理学家戴维·多伊奇（David Deutsch）和基娅拉·马桑托（Chiara Marletto）近期提出的"构造理论"

的启发（Constructor Theory，2020）。

快思考一下，在或远或近的未来，知识可能会使我们实现哪些事情？我们可能会摆脱对化石燃料的依赖，治愈所有疾病，甚至到太阳系的其他星球旅行，美国 SpaceX 公司和美国国家航空航天局等组织已经在努力实现这一目标了（NASA, 2018）。最终，我们甚至有望抵达恒星。星际旅行或许听上去遥不可及，实则并非如此。虽然困难重重，仍有必要的技术尚未问世，但它绝非不可能。尽管不可能一蹴而就，但我们有理由相信，随着知识的进一步累积，这将成为可能。

地球上只有人类创造了知识——不只是科学，艺术也是。艺术让我们能够表现内心的愿望与恐惧，文化也推动了人类大规模的协作和动员。技术知识帮助我们了解"如何做"，而艺术则让我们探索"为什么"。如果你曾怀疑艺术的力量，不妨想想历史上那些独裁者和极权政府禁止或摧毁艺术作品的场景。这本身就说明了艺术的强大影响力。

知识循环：学习、创造和分享

知识已经让一些非凡的事情成为可能：理论上，通过工业时代的创新，我们可以满足所有人的需求。但为了解决随之而来的种种问题，如气候危机，我们还必须生产更多新知识。**新知识并非凭空出现，而是通过我称之为"知识循环"的过程逐渐浮现的。**在这个循环中，有人学习后创造出新东西，然后将其分享出去，这又成为更多学习的基础（见图 16-1）。

图 16-1　知识循环

自大约 5 000 年前人类首次发展出书面语言以来，知识循环便已存在。在此之前，人类仅限于使用口头语言进行学习和分享，这在时间和空间上都存在局限性。书面语言出现后，突破大大加速，并扩大了知识循环的途径。这些突破包括约 1 000 年前的活字印刷、500 年前的印刷机以及年代比较近的电报、收音机和电视。如今，我们正置身于另一场根本性的革命之中：**数字技术，这种技术以零边际成本将全人类连接到知识循环，并使机器本身也能参与其中。**

对于数字技术进一步加快知识循环的速度并拓宽其接入渠道的潜力，我们很容易低估。对许多人而言，这些创新似乎到目前为止还未完全发挥出预期效果。科技投资家彼得·蒂尔（Peter Thiel）曾经有过著名的感叹："我们想要飞行汽车，结果却得到了 140 个字符。"[①] 但实际上，自那时起，我们在汽车制造方面取得了巨大的进步，这在很大程度上要归功于数字技术对知识循环加速的影响。

---

① 指 Twitter 等社交媒体，其用户在更新内容时有 140 个字符的字数限制。——编者注

数字知识循环的潜力和风险

数字技术的零边际成本和广泛普及正在加速学习、创新和分享过程，带来了所谓的数字知识循环。正如 YouTube 这一案例所示，它既充满巨大的潜力，也伴随着严重的风险。

自 2005 年成立以来，YouTube 取得了惊人的增长。目前，全球用户每分钟向这一平台上传的视频内容超过 100 小时。即便你花费 100 年时间、每天 24 小时不停地观看 YouTube，也无法在一周内看完网站上的所有视频。YouTube 上有大量丰富的教育内容，覆盖了从园艺到抽象数学等各个领域，这些视频正是数字知识循环的价值所在。但风险同样不容忽视：YouTube 上也充斥着宣扬阴谋论、传播虚假信息以及煽动仇恨的视频。出于利益的驱使，YouTube 可能更偏向于推广这些视频，因为它们更容易抓住观众的注意力，从而吸引广告商，增加 YouTube 的收益。

这种前景与风险都源自平台的一些相同特性：所有视频对全世界的用户免费开放，一旦发布就可在全球范围内即时观看。世界上几乎任何人都可以上传视频，人们只需有网络连接和一部智能手机就可以观看这些内容。YouTube 有 20 亿～ 30 亿用户，这意味着，整个世界有一半的人都可以访问 YouTube，成为数字知识循环的参与者。

其他系统也展现了数字知识循环的类似特性及其潜在的好处和风险，由用户共同参与创作的在线百科全书维基百科即是一个典型的例子。最理想的情况是，可能有人从维基百科学习到了毕达哥拉斯计算圆周率的方法，随后制作了一个动画演示这一过程，并将其上传到维基百科，使得其他人更易于学习这一内容。

维基百科的条目是协作和不断修订的结果。利用"维基"这一软件，每个人不仅可以查看页面的编辑历史，还能参与其中的讨论（"wiki"，日期不详）。这样的协作机制提升了内容的质量。但是，一旦出现有组织的误导行为，维基百科同样能够立刻将错误信息传播到全球。

个人能以极小的方式做出贡献

维基百科还体现了另一个关键的数字知识循环的特点：个人能以极小的方式做出贡献。比如，你可以仅仅通过修复一个错别字来贡献于维基百科。如果每天有上万人去改正一个错别字，那么一年能修复360多万个错别字；假设发现并修正一个错别字需要2分钟，这就相当于几乎50位全职员工一整年的工作量（每人2 500小时）。

我们可以在维基百科的文字校正中看到小规模贡献在数字知识循环中的积累效应。Twitter和Facebook等社交网络上的微小贡献方式则隐含风险，如点赞、转推或分享至朋友圈。这些简单的动作能够促进高质量内容的扩散，但同时也可能传播错误、谣言和宣传鼓动内容。事实上，麻省理工学院在2018年的研究发现，与真实信息相比，假新闻传播得更快、更广

知识是驱动技术进步的永恒动力

（Vosoughi, et al.，2018，第19章相关内容）。这些信息级联带来的后果可能非常严重，从病毒式传播的笑话到影响选举结果，甚至促成了重大暴力事件的爆发，例如缅甸对罗兴亚人的严重迫害（BBC News，2018）。

某些平台还能让人们通过被动方式对数字知识循环做出贡献。比如Waze，这个GPS导航应用就通过追踪看起来在开车的用户及其移动速度来收集数据。这些数据之后会反馈给服务器，算法据此计算出交通拥堵的地方。Waze能据此提出规避交通拥堵的替代路线。跟随Waze提议的替代路线行驶的用户，自然而然地为系统贡献了他们行进路线上的行进速度的信息，这也是一种被动式的贡献。

要理解被动贡献可能带来的危险，可以看看谷歌搜索查询的自动补全功能。它基于人们经常搜索的内容进行补全，因此，这些自动补全的搜索结果往往反映并强化了现有的偏见：用户往往会选择自动弹出的搜索建议，而不是键入全部搜索内容。Twitter上的推荐关注也是一个例子，这个功能通常提供的是与某人既有联系人类似的账户，这使得拥有相似观点的人的联系更加紧密，而与其他群体隔离开来，形成了所谓的"网络巴尔干化"（Cyber-Balkan）现象（Van Alstyne & Brynjolfsson，2005）。

数字知识循环的前景是对迅速优化的知识体的广泛访问，但也暴露了一个风险：它有可能导致一个充满冲突的后真相社会。数字技术的相

同特性既赋能了这些机会,也埋藏了这些隐患,我们再次认识到,技术本身并不能决定未来。

技术并不是缓解注意力匮乏的关键

要发挥数字知识循环的潜力并避免其潜在风险,人类社会需要经历一次剧烈的转变,这一变革的程度不亚于从采集时代向农业时代,以及从农业时代向工业时代的转变。**当下,我们需要告别工业时代,迈向我称之为"知识时代"的新纪元**。在工业时代,我们构建了以工作循环为中心的经济体系,我们的法律体系如同处理工业产品那般管理着信息和计算资源的获取,我们已经接受了一系列信念,令我们依然与工作和消费捆绑在一起,我们完全被新的信息环境淹没。所有这些都必须改变。

然而,改变过程将是艰难的,因为工业时代是一个由众多互相关联的部分构成的复杂系统,而这样的系统对于变革有着极强的抵制力。正如我们之前所见,单纯地将数字技术应用于现有系统会导致权力、收入和财富分配的极度不平衡。更糟的是,这种做法将使数字知识循环无法实现其积极的潜能,反而导致潜在的危险。

我们正在面对的问题只能通过利用数字技术来缓解,而不是通过加重注意力匮乏的现状来克服。我们必须开发数字知识循环的潜力,并且控制数字技术可能给知识循环带来的风险。为了成功地过渡到知识时代,我们需要在集体监管与自我管理方面做出重大改变。这将是第四部分的探讨重点。

THE WORLD AFTER CAPITAL

第四部分

扩展人类自由，
激活知识循环的无限潜力

THE WORLD
AFTER CAPITAL

  我写这本书的第一个目标是确定我们正处在一个非线性变革的时代，第二个目标是勾画出我们进入知识时代的转型计划。我们的挑战在于克服资本主义的局限性，远离以工作循环为核心的社会模式，转向拥抱知识循环的社会构架。这一部分将提出在社会监管和自我调节方面的改变，旨在扩大人类自由，激活数字知识循环的巨大潜力。这一改变涉及三个方面：

- **经济自由：** 我们要确保每个人的基本需求得到满足，而不必受到工作循环的束缚。实现经济自由之后，我们可以更自如地拥抱自动化，并让每个人都有机会参与数字知识循环，享受其带来的益处。

- **信息自由：** 我们要打破阻碍数字知识循环的障碍，这些障碍限制了我们对现有知识的学习能力，进而阻碍了新知识的创造和分享。同时，我们有必要在数字知识循环的架构中构建起一套完善的体系，以鼓励和支持深入的批判性探究。

- **心理自由：** 我们要从稀缺思维及其带来的恐惧中解放出来，以免其阻碍我们参与数字知识循环。学习、创造及分享知识都要求我们跨越心理障碍，这些障碍既有进化心理学的成分，也混杂着社会压力的影响。

随着这些自由的扩展，我们将有可能实现从工业时代到知识时代的和平过渡，这种过渡不是由权威自上而下强制推行的，而是基于个体和他们所形成的群体之选择的结果。虽然我们不能保证这些改变足以避免过渡期的破坏性影响，但如果不采取这些措施，我们很可能面临物种毁灭级别的风险。在本书的后续章节中，我将讨论在提升个体自由的世界中，为使集体行动成功所必需的价值观和制度安排。

THE WORLD AFTER CAPITAL

17

**满足个人基本需求，
人们才能利用所学知识
创造新的知识**

全民基本收入的目的并非让人们过上富足的生活，而是让人们能够在不被迫进入工作循环的情况下，满足自身的基本需求。

THE WORLD AFTER CAPITAL

满足个人基本需求，人们才能利用所学知识创造新的知识

想象一下，如果你现在立即辞职，你能否负担自己基本的生活需求？如果你已经退休，万一退休金突然停发会怎么样？如果你依赖配偶或伴侣的支持，一旦失去他们的帮助，你还能否承担起衣食住行的费用？在这些场景中，假如你无力维持自己的生活需求，那么你就不具备经济自由。你决定出售多少劳动力、向谁出售、是否选择留在你的伴侣身边、居住在哪个地方等，这些决策并不是完全出于自由意愿。

在这方面，很多美国人并未获得真正的自由。有调查显示，有60%的人表示他们支付不起1 000美元的应急支出（Leonhardt, 2020）。还有研究发现，40岁以上的美国人中，约75%的人储蓄不足以应对养老，同时1/4～1/3没有退休的成年人根本没有任何储蓄（Board of Governors of the Federal Reserve System, 2020；Backman, 2020）。这些数据是在新冠疫情之前获得的，还未考虑新冠疫情的影响，疫情对许多美国人的经济状况带来了更糟糕的影响。

经济自由对于个体自由参与知识循环至关重要，如果没有经济自

由，你就无法自由地参与知识循环，这就是为什么我说经济自由是知识时代的一个基石。我们必须让人们获得经济自由，这样他们才有时间学习新知识——无论是实践技能还是最前沿的理论物理学知识。我们需要他们利用所学知识创造新的知识，并且与他人分享这些知识。

参与知识循环从未像现在这样至关重要：我们需要解决诸如新冠疫情以及最为严峻的气候危机等重大问题。为了解决这些问题，我们必须拥抱自动化技术，而不是将其视为威胁。

全民基本收入：为每个人提供一份保障性收入

对于富裕的人群、享有终身教职的教授以及拥有退休金和储蓄的退休人员而言，经济自由并不遥远。但我们如何才能使其他人也享受到同样的经济自由呢？答案是为每个人提供一份可以满足他们基本需求的保障性收入，涵盖住房、衣物和食物。这份收入不能因为一个人的婚姻状况、就业状况、财富状况而有所区别，它是无条件或者说是"全民"性的。

乍一听，全民基本收入（universal basic income，UBI）这个想法可能让人感到不可思议。单单只要活着就能有收入，那这些资金从何而来？人们不会因此变得懒惰吗？尽管全民基本收入制度面临这些质疑，但我们在这里暂且考虑将全民基本收入作为实现经济自由的一种方式的论点。

对经济自由的关注并不是什么新问题。在美利坚合众国初建时期，

满足个人基本需求，人们才能利用所学知识创造新的知识

那些参与殖民活动的人就已经在一定程度上体验到了经济自由。当时，定居的殖民者有大片土地可用，并可通过小型自给自足农业维生。托马斯·杰斐逊甚至考虑过将土地授予制度化，作为确保公民自由的一种手段。在这里必须指出，这些土地是从美洲原住民手中掠夺来的，原住民在所谓的"发现原则"的名义下失去了他们的土地和自由（"Discovery Doctrine"，2020）。哲学家和政治活动家托马斯·佩因在当时便预见到，可分配和作为财产征用的土地终会耗尽，那些无土地的公民或许将不得不出卖劳动力来满足基本需求。因此，他提出了一个替代方案——给予人们金钱（Thomas Paine，1797）。这种通过直接现金转移支付来提升自由的理念早在美利坚合众国建立之初就有了。

如果你认为全民基本收入这个论点没有说服力，那么考虑一下空气的例子。每个人都能够自由地呼吸到空气，因为它是免费的，并且它在全球是广泛分布的。当然有必要强调的是，我们需要监管来保持空气清洁——在工业化期间人类遇到了严重的空气污染问题，据估计，现在每年仍有超过700万人因空气污染丧生（World Health Organization，日期不明）。我们的自由不会因为必须获取空气而受到限制，如果实施全民基本收入制度，我们在获取食物、住所和衣物等其他基本需求方面也将获得自由。

像我之前指出的，我们的科技已经足够先进，能够满足每个人的需求。我们可以提供足够的食物，可以轻松地制作足够的衣物，并确保每个人都有住所。这一切都得益于人类创造的知识和资本。随着科技进步加速和全球人口增长放缓，实现这些目标会变得更简单，前提是我们能够持续创造出新的知识以克服我们面对的问题，其中的首要问题是气候危机。

由此可见，问题并不在于我们是否具备满足每个人需求的能力，而在于我们的经济和社会能否公正地进行资源分配。这正是全民基本收入发挥作用的地方。全民基本收入使得市场能够在不强迫人们进入工作循环的情况下运转，它让个人可以自由选择是否参与和在多大程度上参与市场，以及将多少精力投入人际关系、寻求生命意义、好奇心和创造力等方面。这样人们的注意力就能被释放出来，有助于他们在更负担得起的地区（例如小型城市或乡村）建立新的社区。

工业社会为我们提供了两种不同的资源分配方式：一种是个人参与市场经济，另一种是政府满足人们的需求。这两种方式代表了一个连续体上的两个极端，中间存在各种"混合"安排，例如政府补贴住房，人们为此支付较低的租金。全民基本收入拓展了市场分配的范围，从而降低了对持续扩张的政府部门的依赖。

第二次世界大战结束后，美国政府雇员仅占全美人口的约 5%，政府大约占经济规模的 42%（U. S. Bureau of the Census, 1949；OECD 2021a）。美国和欧洲一些国家的政府支出规模和范围仍在逐渐扩大，在许多欧洲国家已经超过经济体量的 50%。

毋庸置疑，食物、衣物、住所是人类的基本需求，全民基本收入应该让人们负担得起。未来，全民基本收入甚至可能覆盖教育和医疗保健的成本。考虑到过去几十年教育和医疗保健的成本持续上涨，这个目标看似雄心勃勃，但随着技术进步，我们有望在不远的将来大大降低这两方面的费用。

17

满足个人基本需求，人们才能利用所学知识创造新的知识

技术性通货紧缩

如果你过得紧巴巴的，那世界在你眼里就会像个奢侈品店。然而数据显示，一段时间以来，许多东西的价格一直在降低。如图 17-1 所示，在美国，耐用消费品的价格自 20 世纪 90 年代中期以来一直在下降。

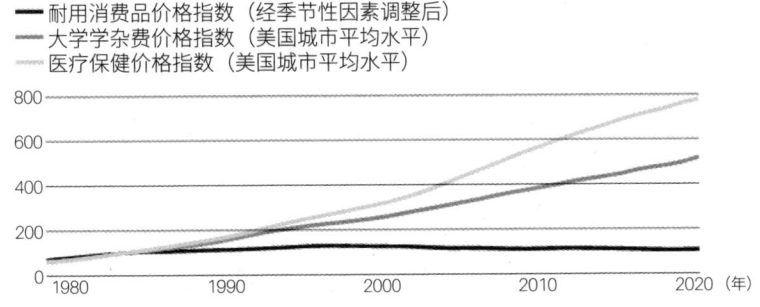

— 耐用消费品价格指数（经季节性因素调整后）
— 大学学杂费价格指数（美国城市平均水平）
— 医疗保健价格指数（美国城市平均水平）

图 17-1 美国耐用消费品、医疗保健与教育费用的价格指数

资料来源：Federal Reserve Bank of St.Louis, 2021d。

耐用消费品价格下降主要是由技术进步推动的。我们在制造产品方面越来越高效，生产和分销的自动化是其中很大一部分原因。如果你因此失去了工作，这对你而言是不利的；但如果你是花钱购物，这就成了好事。而有了全民基本收入，每个人都会有钱，随着时间的推移，由于价格下降，这些钱将能买到越来越多的东西。

耐用消费品价格的下降，使得买衣服变得毫不费力，价格十分亲民。技术同样也在使智能手机的成本下降，这些智能手机本身将是使教育和医疗保健变得更便宜的关键因素。随着我们开始使用增材制造（也称 3D 打印）等技术，仅在需要时就地生产产品，价格的这一下降趋势

只会加速（Crane & Marchese, 2015）。增材制造技术甚至使得建造房屋的成本大幅下降，近年来世界各地已有各种建筑采用这种方式建造，美国加利福尼亚州的一家公司现在更是推出了一种创新服务——在短短24小时内3D打印完成一座小巧精美的房屋以供销售（Orrall, 2020）。

另一种使住房变得更可负担的方式是改进现有住房的共享方式。数字技术，包括爱彼迎（Airbnb）和沙发客（Couchsurfing）等公司提供的服务，此类共享变得极其简单（注意：这需要一定程度的监管来避免对某些当地住房市场产生不利影响）。尽管取得了这样的进展，但在纽约和旧金山等住房需求超过供应的地方生活，生活成本仍然非常高昂。有了全民基本收入，人们可以选择住在房价更便宜的地方。

近年来，底特律市将送出房屋作为拆除原房屋的替代方案，而在美国的一些农村地区，你每月只需几百美元就可以租到一套房子（Macguire, 2014）。实际上，美国大约有3 000万套月租低于600美元的住房，占到全美租赁存量的25%（The Joint Center for Housing Studies of Harvard Vniversity, 2020）。最实惠的方法是合租。你可以简单地找室友一起住，或者更酷的是，像我在德国的朋友那样，和他人一起购买并改造一个废弃的小村庄。但许多人当前无法利用这些机会，因为他们无法在这些地方找到工作。相比之下，全民基本收入拓宽了他们在地理选择上的自由度。想要搬迁的人将不必再仅仅为了满足基本需求（通常是通过兼职来实现）而被困在生活成本较高的城市中。

一类人已经摆脱了工作的约束：退休人员。确实，许多人退休后会搬离生活成本高昂的城市，去房价更便宜的地方生活。因此，在考虑住房成本时，我们不应该分析人们现在需要付多少钱来住在现在的房子

满足个人基本需求，人们才能利用所学知识创造新的知识

里，而应该看看在有全民基本收入的世界里，成本可能会是多少。关键是，全民基本收入制度不会限制某人将全部款项用于支付租金。这是提供具有高度流动性且可互换使用的现金的强大之处，这意味着这些钱可以用来购买任何东西（不像只能用于满足住房需求的住房券）。

食品是另一个技术可能带来巨大收益的领域。尽管有些人认为转基因食品才是地球满足人类食物需求的关键，但其他近期突破不会带来转基因生物技术可能引发的问题。例如，室内垂直农业可以向食物精确输送营养和光照，并通过使用机器人大幅提高未来产能；它还允许人们在消费地点附近种植食物，降低了与运输相关的成本。在极端情况下，使用新的水培系统，生菜、番茄和其他蔬菜甚至可以直接在公寓内种植。这些创新的发展将使食品成本显著降低，并增加食品供应。

技术的进步还会让教育成本大幅降低。在过去的10年中，在线学习资源的可用性迅速增长，还出现了许多免费学习平台，如语言学习应用多邻国（Duolingo）。除了edX和可汗学院等提供在线课程的平台外，还有成百万篇解释特定主题的博客文章。当然，YouTube上也有大量教育视频，内容涵盖从帆船到量子计算等的几乎所有知识。

有证据表明，美国大学学费过高的上涨速度正在开始放缓。在分析这些数据时，我们必须记住，我们的教育系统和就业市场有较强的惰性。许多雇主仍然认为他们必须从最好的大学聘请毕业生，这推高了高等教育的费用，并产生了连锁反应，其影响甚至波及私立幼儿园。此外，谷歌宣布他们将提供为期6个月的专业课程，学费为每月50美元，他们承诺在自己的招聘中将这些课程学习者视为等同于四年制大学学位获得者（Bariso, 2020）。大多数学生还需要一些时间才会转向利用免费

或负担得起的在线资源来满足他们的所有学习需求，但现在这种可能性已经存在。新冠疫情激发了在线教育的潜力，为防止疫情传播，世界各地的学校都曾从面对面教学转为在线教学。

医疗保健的情况也类似。美国人均医疗支出远高于其他国家（见图17-2），多年来增长速度远远超过通货膨胀率，但这并未转化为更好的医疗保健服务。例如，多年来，古巴的人口预期寿命几乎与美国相同，尽管其人均医疗支出不到美国的1/10（Hamblin, 2016）。围绕《平价医疗法案》或其他立法干预是否会降低医疗成本或提高保险费用的辩论一直存在。尽管存在这些问题，但仍有多个原因让我们可以期待数字技术在降低医疗成本方面取得进展。

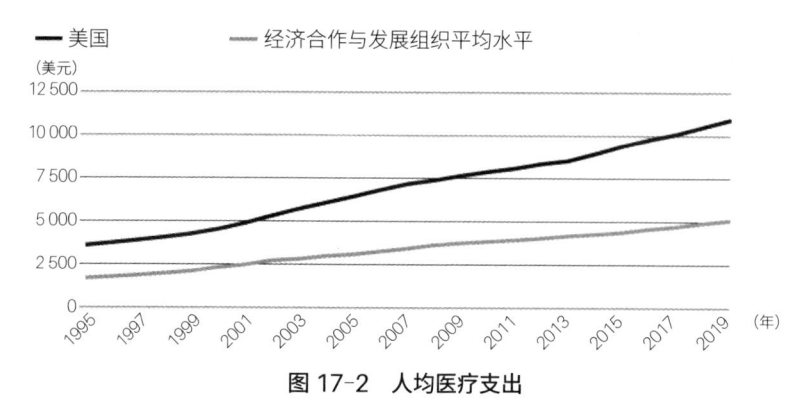

图 17-2　人均医疗支出

资料来源：OECD, 2021b。

第一，数字技术可以提高医疗服务价格的透明度，从而促进竞争以压低价格（这可以通过进一步的监管实现）。第二，随着人们使用技术追踪自己的健康数据，长期来看，我们可以过上更健康的生活，护理需求也将减少。第三，技术将带来更快、更好的诊断和治疗服务：在线医疗众筹平台 CrowdMed 已经帮助了许多之前未确诊或误诊的患者；人类诊断项目（Human Dx）也在开发一个能帮助提高诊断准确性的系统。Figure 1 是一个允许医生交换有关医疗案例的图像和其他观察结果的平台，Flatiron Health 汇集了肿瘤患者的数据以实现针对性治疗。另外，许多公司正在将远程医疗带入应用程序时代：HealthTap、Doctor On Demand、Teladoc Health 和 Nurx 均承诺大幅降低医疗服务成本。

你可能会认为，医疗保健成本的很大一部分来自药物而不是医生看诊，但事实上在美国，药物支出仅占医疗保健总支出的 1/10（The American Academy of Actuaries，2018；OECD，2019）。不过技术同样可能推动这部分成本下降。一位制药领域的企业家告诉我，个性化药物的潜力巨大，能极大地提高治疗多种疾病的效果，包括多种癌症、运动神经元疾病和阿尔茨海默病。从长远来看，CRISPR 基因编辑等技术将赋予我们前所未有的能力去修复当前造成长期性的沉重医疗负担的遗传疾病，比如囊性纤维化（Mosse，2015）。

通货紧缩是坏事吗

你可能会因我将通货紧缩描述成一件好事而感到疑惑。通常来讲，经济学家们总是将通货紧缩视作应当避免的"魔鬼"。他们关注的焦点通常是以 GDP 衡量的经济增长数据，他们认为这是提升人类普遍福祉的关键。按照这些经济学家的观点，假若大众预期价格会下降，他们可能会减少消费，这会导致产出减少、资本持有者缩减投资、创新能力减弱和就业机会减少。这反过来又会导致人们减少消费，经济进一步萎缩。经济学家以日本作为经历通货紧缩和产出萎缩的样本。为了规避这一切，他们提倡实施旨在实现某种程度的通胀的政策，包括美联储实施的所谓"量化宽松"政策，目标是扩大货币供应量，以此提升商品的名义价格。

然而，在数字技术推动技术性通缩的当代世界里，这些推理显得站不住脚。用 GDP 作为衡量进步的标准日渐失灵，因为它没能反映正负外部性因素。例如，使教育与医疗成本显著降低，可能导致 GDP 下降，但这无疑可以让人们生活得更好。经济学家推论中的另一个缺陷是假定技术进步需要有偿生产的增长。开源软件便是反例，它在传统经济模式之外推动了大量技术进步。经济、信息和心理自由的增加将加快知识循环，这是推动技术性通缩和进步的基石。

技术性通缩会将社会引入一个新的阶段，全民基本收入不仅成为可能，还可以让人们受益匪浅。人们满足自身所有基本需求的总成本已经开始降低，并将在未来进一步下滑。**技术性通缩将可以使人们得以摆脱以工作为中心的生活循环。**

全民基本收入的合理金额是多少

在了解背景信息后，你可能想知道全民基本收入的合理金额应该是多少。我针对美国的提案是：**每月向 18 岁以上的成年人提供 1 000 美元，向 12 岁以上的青少年提供 400 美元，其余儿童每月 200 美元。**这些数额看似不高，但全民基本收入的目的并非让人们过上富足的生活，而是让人们能够在不被迫进入工作循环的情况下，满足自身的基本需求。大家对所需金额的集体思考是混乱的，是因为我们错误地将满足

满足个人基本需求，人们才能利用所学知识创造新的知识

无限欲望视作目标，忽视了满足需求所催生的寻求生活目标的自由。此外，我们应意识到技术性通缩将使得满足基本需求的成本随时间降低，而全民基本收入的实施绝不会是一夜之间的事。我所提出的数额是考虑到随着时间推移，部分政府项目逐步停止，而全民基本收入逐渐实现。

进一步来看，尽管每个人将以不同的方式使用他们的全民基本收入，但成年人的月均可能开销分配大致如下：400美元用于住房，300美元用于食物，100美元用于交通，50美元用于服装，50美元用于互联网接入及相关设备。其他费用则根据月度需求不同而有所变动，例如因具体需要支付的医疗保健费用。

你可能好奇为何我建议给儿童和青少年的全民基本收入数额较低。首先，我们可以比成年人更便宜的价格满足儿童和青少年的需求。其次，有历史证据表明，人们生育子女的数量部分受经济影响。我们不希望全民基本收入成为鼓励成年人获取子女所得而多生孩子的激励。这一点尤为重要，因为我们需要降低全球人口出生率，因为全球人口终将达到峰值。

根据2019年的人口数据计算在美国实施全民基本收入所需的资金，年度预算约为3万亿美元（U. S. Census Bureau，2019）。尽管这是个巨大的数字，但它仅占美国2019年GDP的14%，不到总产出的8%，此处总产出不仅包括最终产出，还包括中间过程（U. S. Bureau of Economic Anchysis，2020；Federal Reserve Bank of St. Louis，2021）。这些钱从何而来？主要来源有两个：政府预算（由税收支付）和货币创造。

2019年，美国所有政府层面的税收和费用总收入约为5万亿美元，那么理论上，全民基本收入的资金可以通过重新分配现有预算来获得（OECD，2020）。然后，还有2万亿美元用于重要的政府职能，如执法和国防，后者2019年的预算约为0.7万亿美元（"Military Budget of the United States"，2020）。撇开实现这种资金重新分配的政治过程问题不谈，从纯粹的计算角度而言，并非不可行。

全民基本收入还将显著增加政府的财政收入。目前，大约一半的劳动者因收入不足而不需要缴纳联邦所得税。一旦拥有全民基本收入，他们从工作或其他来源（如利息或资本收益）获得的每1美元都应纳税。举例来说，目前一个单身人士如有1万美元的就业收入，则无须提交联邦所得税申报表。有了全民基本收入，这些收入就可以以25%的税率计税，从而产生2 500美元的税收。粗略计算，这可以为政府带来高达0.3万亿美元的税收。现在已在缴税的群体实际上通过这些税收归还了部分全民基本收入。如果将25%的税率应用于那些将收到一大半全民基本收入支付的人，将额外减少所需资金约0.4万亿美元。也就是说，征收25%的联邦税率，从首笔收入开始计税，实施全民基本收入所需的净金额约为2.3万亿美元。

也可以通过其他方式扩大政府财政收入。例如，可以对污染特别是温室气体排放增税。税收是处理负外部性问题的有效方式，我们在很多问题上都已经很好地利用了这个方法。例如，加税使香烟消费减少，欧洲提高油价促进了汽车能效提升。对碳排放征税预计每年可产生约0.3万亿美元的收益，实际可能更多。综上，通过所得税（自动征收）和温室气体税，全民基本收入所需要的资金可能最终减少到约2万亿美元。虽然这个数字依然很大，但社会保障和医疗保险、医疗补助每项就需要约 1 万亿美元的经费。因此，在极端情况下，通过大幅重新分配现有资金，完全有可能为全民基本收入提供资金。

不过，还有另一种方式来为全民基本收入筹集所需的大部分甚至全部资金。这种解决办法需要我们脱离当前的银行体系（这一体系将"创造"货币的权力委托给了银行），转而直接向民众发放货币。在当前的部分准备金银行体系中，商业银行发放的信贷额度超过了其存款额度，联邦储备银行则扮演着最后贷款人的角色。例如，2008 年金融危机期间，美联储购入潜在不良资产，以向银行提供流动性。欧洲亦有"量化宽松"政策，即中央银行直接通过条件优惠的贷款和资产购买直接向商业银行注入大量资金，希望银行扩大对外贷款。

采用这种方法的主导理念是，通过向需要资金采购设备的企业或需要更多运营资本（如用来雇用更多销售人员）的企业贷款，银行将帮助经济实现增长。然而，尽管银行确实在一定程度上做到了这一点，但它们越来越多地专注于向大型公司和富人提供贷款，供他们用于购买第二套房屋，甚至用于金融投机。与此同时，穷人几乎无法获取可承受的信贷，对小企业的贷款也持续在减少。所有这些导致了财富和收入不平等的加剧。有意思的是，早在 18 世纪，法国银行家、经济学家理查德·坎蒂隆（Richard Cantillon）就理解了基于银行的货币创造带来的这种不平衡影响，被人们称为"坎蒂隆效应"（Stoller，2020）。

还有一个替代性的体系，它通过迫使银行在美联储或其他国家中央银行持有近期存款来从银行手中拿回货币创造权。这种被称为"全准备金银行"的系统，显著降低了银行业的风险，因为银行挤兑风险消失了，同时可以在没有前期大额股本的情况下成立新的银行参与竞争。信贷扩张以长期存款为基础，并通过类似于 LendingClub（针对个人）和 Funding Circle（针对企业）这样的信贷公司提供市场贷款服务。货币创造将简化为直接将新货币作为全民基本收入发放给个人，这种做法有时被称为"人民的量化宽松"。

我们讨论的数量级到底有多大？M0、M1、M2 和 M3 是逐级递增（M3 比 M2 大，M2 比 M1 大，等等）的经济货币量度量指标。在美国，我们已不再追踪如 M3 这样更大的货币指标，只使用更狭窄的量度，比如 M2，而即便是 M2 在过去 10 年中每年也增长约 1 万亿美元。自从新冠疫情起，美联储创造了令人震惊的 15 万亿美元的额外货币，以 M1 为度量指标。

另一种了解货币创造总量的方式是考虑债务增长。美国家庭大约有 10 万亿美元的住房抵押贷款，1.2 万亿美元的汽车贷款，超过 1.5 万亿美元的学生贷款和超过 9 亿美元的信用卡债务（Federal Reserve Bank of New York, 2020; Fontinelle, 2021; White, 2021）。家庭债务总额在 1 年内有可能增长多达 1 万亿美元。而美国企业债务约为 35 万亿美元，其中约一半在金融业（Federal Reserve Bank of St. Louis, 2021f; 2021g）。

可见，每年创造的货币量与我提出的全民基本收入方案的规模相似。从历史上看，政府"印钞"的做法常与德国在魏玛共和国时期发生的恶性通货膨胀的恐惧联系在一起。但在合理的全民基本收入计划下，这并不会成为现实。**首先，新创造的货币量将是固定，并且提前确定的。其次，**正如我们早先所讨论的，技术是一个强大的通缩力量。最后，可以通过逐步将经济中的货币撤出来以减少净货币创造量，这可以

满足个人基本需求，人们才能利用所学知识创造新的知识

通过对超额存款实施负利率来实现，收取的费用交予中央银行；或者可以引入"滞期费"制度，在该制度下，对范围内所有货币持有量征收费用或自动缩减持有的货币（通过数字货币可以自动实现）。

我对全民基本收入实施的期待包括对政府预算、税收和货币系统进行多方面的改变。我们后面还会看到，全民基本收入有可能不通过政府而是通过区块链技术的去中心化项目实施。无论最终的实施路径如何，我以上的粗略计算表明，在今天的美国实行全民基本收入是可行的。对其他国家进行类似计算可以看出，哪怕是在许多发展中国家，全民基本收入都具有可操作性。全民经济自由已经触手可及。

全民基本收入对劳动力市场的三大影响

全民基本收入的主要吸引因素之一是，它不会剥夺人们出售劳动力的能力。 例如，如果有人愿意支付每小时5美元让你照顾他们的狗，你可以在全民基本收入的机制下自由地选择接受或拒绝，而不会受到最低工资标准的影响。我们目前需要最低工资制度主要是为了预防剥削，因为在剥削性的就业关系中，人们往往没有能力选择离开。如果实施了全民基本收入，这种情况将得到改变。

以狗狗看护为例可以清楚地展现粗糙的最低工资标准带来的扭曲。假如你喜欢狗，你可能很愿意接下这份以每小时5美元计酬的工作，并且在照顾狗的同时，你还可以写作或看视频。在这种情况下，政府不应干预此类私下交易。快餐店的工作也是同理。只要员工有权利选择离职，劳动市场就会自然而然地找到平衡点，例如，需要支付多少工资

才能让人在麦当劳留下来工作，让人留在麦当劳工作的价格可能是每小时 5 美元，也可能是 30 美元，取决于工作的性质和受欢迎程度。另外，全民基本收入的存在使得劳工组织可以更简单地开展集体谈判，因为失业的威胁和对低报酬工作有高需求的"不稳定工人"［precariat，盖伊·斯坦丁（Guy Standing）用这个词来描述越来越多的因间歇性就业或其他就业不足而生活缺乏保障的人群］，是目前雇主赖以施加压力的主要原因。

常有人担心全民基本收入会导致人们全部停止工作，导致劳动力市场崩溃。然而，与全民基本收入相关的实验，如 20 世纪 70 年代加拿大曼尼托巴的基本年收入实验所示，尽管当时人们确实减少了工作时间，但这并未导致劳动力市场出现明显短缺。一般来说，人们仍愿意赚取基本收入之外的收益，并且随着劳动力价格上升，工作的吸引力也会增加。此外，结合前文讨论的所得税税制改革，全民基本收入避免了许多现行福利制度的问题，即人们一旦开始工作，福利收益就被完全剥夺，从而产生超过 100% 的实际税率（人们赚得比不工作时还少）。全民基本收入制度下，你赚到的每一分钱都是在你的基本收入之外的，同时你只需为额外收入支付标准的边际税率，不存在福利悬崖（benefit cliff），因此人们没有理由拒绝有报酬的工作。

但是，那些肮脏或者危险的职业又会受到何种影响呢？是否有足够高的劳动力价格吸引人们从事这类工作，同时相关企业又能否承受这样的成本？企业可以选择支付更高工资或投资自动化。多数情况下，答案很可能是这二者兼而有之。正如历史所证明的，高昂的劳动力成本是推动创新的动力。由于数字技术令自动化设备的能力大幅提升，我们现在有能力将那些肮脏和危险的工作自动化。这也意味着劳动力价格上涨导

满足个人基本需求，人们才能利用所学知识创造新的知识

致的通胀不再是问题。换言之，即便部分劳动力成本上升，技术性通货紧缩依然存在。

此外，**全民基本收入还会给劳动市场带来其他三个重要的影响。首先，全民基本收入将大幅促进志愿服务的发展。**目前，在环境保护和赡养病患及老人等领域，由于这些需求并无足够的资金支撑，劳动力总是供不应求，且活动往往依赖于捐赠。当人们必须利用几乎所有空闲时间来谋生时，自然没有余力去做志愿者。全民基本收入能够极大地促进人们对志愿服务的参与，就像退休人员所展现出的那样，他们实际上已经享有了全民基本收入。

其次，全民基本收入将极大地拓展创业活动的空间。许多有意愿在当地创业（如开美甲沙龙或餐馆）的人，由于缺乏经济基础，始终无法辞掉日常工作来尝试。我有时将全民基本收入称为"每个人的种子资金"。社区中企业数量的增加，将意味着人们有更多的机会实现当地就业。

随着这些新企业的兴起，它们中一些会获得传统的融资支持，比如银行的贷款式风投，但全民基本收入也可能扩大众筹的范围和重要性。如果你的基本需求得到保障，你将更有可能愿意投身于通过众筹吸引支持的活动，如创作音乐视频并上传至 YouTube。同时，如果基本需求有所保障，人们也更愿意用超出全民基本收入的一部分来支持众筹项目。

最后，全民基本收入对劳动力市场的第三个重大影响是会促进以人为本的职业的增加。有些工作即使可以自动化，我们有时也更喜欢由人来完成。这些工作包括制作和提供食物、按摩、心理治疗，当然还有艺

术和手工艺。录音发明后现场演奏依然很受欢迎并在继续发展，便是人们对这种人际交流渴望的例证。现场表演带来的感觉和音乐直播相比有着其独一无二之处，这来源于我们对表演者拥有与我们类似的情感和思想的直觉性理解。从另一方面来说，为别人表演或烹饪也能带来巨大的享受。全民基本收入将极大地增大人们参与这类以人为本的劳动力市场的可能性。

有了全民基本收入，我们会丧失意义感吗

我已经解释并反驳了关于全民基本收入的三个主要反对意见，说明它在经济上是可行的，不会引发通货膨胀，对劳动力市场和创新会产生积极影响。还有一些其他常见的反对意见也值得一一澄清，其中包括人们认为这属于不劳而获的道德异议，这一点我将在下文专门进行回答。

有一种观点认为，全民基本收入会削弱工作在社会中的价值。实际上，情况恰恰相反：**全民基本收入正是对世界上大量未得到支付的劳动的一种肯定，包括育儿等。**在当前定义下，"工作"几乎已经成为有偿劳动的代名词。按照这个逻辑，没有得到报酬的活动就不算工作。蒙台梭利学校提供了一个不同的例子，它们将教学建立在创造力和解决问题的基础上，并将任何"有目的的活动"都视作"工作"。

还有人担心，全民基本收入会让人们不再工作或不再寻找工作，这会剥夺工作带来的意义感。但是，将工作视为人生目标的观念相对较新，主要与新教的工作伦理观念相关。过去，人生的意义往往与宗教信仰相联系，宗教通过遵循特定教条来为生命提供意义（其中可能包括工

作，但工作并非目标本身）。因此，人生意义的源泉在随着时间的变化而被重新定义。随着人类社会向知识时代的过渡，投身于知识循环或维护它将成为更值得关注的焦点。此外，我们作为人类拥有知识所带来的力量，那么担负起相应的责任同样重要。

另一个常见的反对意见是，人们可能会将基本收入用于购买酒精和违禁药品，有时批评者会提到美国原住民从赌场获得收入带来的违禁药品问题。然而，并没有证据表明这种担忧是成立的：没有任何全民基本收入试点发现药物滥用或酒精滥用问题的显著上升，同时值得注意的是，阿片类药物危机已成为美国历史上最严重的药物问题。

有些人之所以反对全民基本收入，并非出于对其有效性的怀疑，而是认为这是富人压制穷人、防止他们反抗的一种阴谋。有些人真心认同这种批评，而一些人则把它当作政治分裂的工具。然而不管出于何种动机，全民基本收入的影响恰恰相反，正如托马斯·佩因（Thomas Paine）所指出的。在包括美国在内的世界多个地方，穷人事实上被排除在政治活动之外，他们忙于保住工作，甚至没有时间投票或参加公职竞选。美国的选举在工作日进行，但雇主并没有被要求给去投票的员工假期。除选举之外的民主进程，如组织抗议活动甚至罢工，也需要人们有时间来投入。全民基本收入将极大地改善人们的参与能力，从而挑战现状。

全民基本收入可以将人们
从工作循环带入知识循环

在讨论信息自由之前，我们应当回顾一下，为什么个体无论是否做出经济贡献，都应该有足够的资源去满足自己的需求。

以呼吸的空气为例，我们没有人为其存在做贡献：我们只是在这个星球上继承了它。类似地，今天在世的人没有人需要再去发明电。电力在我们出生之前就已经被发明出来了，我们继承了其带来的好处。你可能会指出使用电力需要支付费用，人们必须为之买单，但他们支付的是电力的生产成本，而非发明成本。在这方面，我们可以举出其他诸多例子，如抗生素、车轮、切片面包等，它们都是我们共同继承的人类知识成果。

我们幸运地出生于一个资本不再稀缺的世界，这意味着利用我们的知识来满足每个人的需求是一种道德责任。全民基本收入通过赋予人们经济自由，让他们从仅依赖工作的循环中解脱出来，并加速了让人们得以获得这些令人难以置信的知识的知识循环。

# THE WORLD AFTER CAPITAL

18

拓宽信息获取渠道，
加速知识的创造与传播

在数字时代，
生产与分发一份副本的
边际成本基本为零，
对数字信息的所有限制
都是人为加上的。

THE WORLD AFTER CAPITAL

18
拓宽信息获取渠道，加速知识的创造与传播

想想看，每当你想阅读一本书、聆听一首乐曲或查看一篇学术论文时，只需轻按按钮即可实现。在复制和传播信息代价昂贵的过去，这种场景都是天方夜谭。早期手工抄写书籍时，仅少数人能够接触书，它们不仅珍稀昂贵，而且容易出错。直到 20 世纪末，将书籍、音乐唱片等物品传递到人们手中，通常还需要耗费巨大的生产成本和分发成本。

在数字时代，生产与分发一个副本的边际成本基本为零，对数字信息的所有限制都是人为加上的，主要是增加系统的成本，人为设置稀缺性，尽管它们实际上是丰裕的。比如，我们已经花费了数十亿美元来阻止人们复制和共享数字音乐文件（CBS News，2001）。

那么，为什么我们要花钱让信息变得不容易获得呢？在信息只以模拟形式存在的时候，复制和分发它的成本构建了一个基于信息稀缺性的经济和社会体系。唱片公司需要挖掘音乐人才，租用昂贵的录音室，推广音乐，以及制作和发行实体唱片。收取唱片费用是为了覆盖成本并获取利润。而现在，个人可以在电脑上制作音乐并免费分发，固定成本大

幅降低，每次收听的边际成本为零。在这种新环境下，按唱片、单曲或收听次数收费的商业模式，以及为维持这一模式而必须采取的版权保护措施，已经变得毫无道理。尽管音乐产业进行了激烈的反抗，但我们今天的收听体验要么是免费的（即依靠广告支持），要么是基于订阅服务。不管哪种方式，每次收听的边际成本都接近于零。

虽然音乐行业已经取得了这样的进展，但为了维持我们熟悉的唯一模式，我们默认了许多其他人为设置的信息访问限制。然而，为了真正进入知识时代，我们应当追求更大的信息自由度。历史上已有类似前例：在印刷术问世之前，故事和音乐通过口耳相传或手工抄写——当时，对谁可以讲某个故事或表演某首歌并没有限制。

需要明确的是，信息并不等同于知识。举例来说，信息包括全球计算机每天产生的数量庞大的日志文件，其中许多可能从未用于分析。我们事先无法知晓哪些信息将成为知识的基石，因此保存尽可能多的信息，并提供尽可能广泛的访问可谓明智之举。接下来，我们将探讨如何扩大信息自由，这是促进我们向知识时代过渡的关键步骤之一。

互联网的可触达性：
数字化知识循环的关键推动力

尽管有些人嘲笑互联网，认为它相较于电力或疫苗之类的创新而言，只能算得上一个小小的创新，但他们显然错了。互联网允许全球任何角落的人了解电力或疫苗的工作原理。若撤除人为设置的信息流动限制，互联网实际上已经提供了将全部人类知识接入并分发给全人类的手

18
拓宽信息获取渠道，加速知识的创造与传播

段。因此，它是数字化知识循环的关键推动力。接入互联网是获得信息自由的核心之一。

目前，超 45 亿的人群已接入互联网，且每年在以数亿人的速度不断增长（Kemp, 2020）。这样迅猛的增长得以实现，是因为接入成本显著下降。一部性能强大的智能手机制造成本不足 100 美元，而且如果市场具有竞争性，在一些地区 4G 带宽的价格可以低至每 GB 0.1 美元（Roy, 2019）。即便是为世界范围内偏远地区的居民提供互联网接入服务，成本也在变得更低，因为无线网络的成本在下降，卫星容量在增加。例如，有一个项目就在着手以每个社区不到 10 000 美元的成本连接墨西哥农村社区（Rostad, 2018）。同时，在美国等高度发达的经济体中，诸如 MIMO 无线技术等正在进行的技术革新将进一步降低城市人口稠密区的带宽成本（"MIMO", 2020）。

这意味着即使是相对较低水平的全民基本收入，也足以覆盖互联网的接入成本，只要我们持续创新，并维持高度竞争和有适当监管的互联网接入市场。这也是一个可用于说明三种不同的自由相互强化的实例：经济自由让人们得以访问互联网——这是信息自由的基础；如我们稍后所述，要将其用于促进知识循环，还需要心理自由。

我们致力于实现互联网接入普及化的同时，也必须关注网络上信息流通的局限性。我们尤其应该反对政府和互联网服务提供商对互联网施加的限制。两者的限制都是人为的，是由一系列与信息自由的必要性相悖的经济和政策考量所驱动的。

按照设计，互联网的理念中没有地理概念。从根本上说，它是一种

169

构建互联互通的网络的方式（因此得名），而不管所连接的机器位于何处。所有地理上的限制都是人为施加的，通常代价很大。这些壁垒将互联网置于政府的控制之下，限制了信息自由。例如，多年来人们在土耳其无法访问维基百科。

进入知识循环不应受制于互联网服务提供商的经济激励

政府用以维护互联网地理边界的设备，也被互联网服务提供商用来从消费者那里获取更多利润，其中的方式包括付费优先级和零费率，这些做法扭曲了用户的访问过程。要明白为什么它们会成为问题，我们需要稍微了解一下相关的技术细节。

当你购买互联网服务时，你实际上是在为一定带宽的连接付费。假设它提供每秒 10 兆比特的速率并且你完全使用这个连接 60 秒，那么你将会下载或上传 600 兆比特的数据，这相当于在数字音乐平台 Spotify 或 SoundCloud 上下载 15～25 首歌曲（每首歌按 3～5 兆字节计算）。数字信息的惊人之处在于，所有字节都是平等的。不论是访问维基百科还是浏览小猫图片，你已为这个带宽付了费，理应自由地使用它探索任何你所想要了解的人类知识领域。然而，这一原则并不能为互联网服务提供商带来最大的利润。为了实现这一目的，他们会试图根据消费者的需求和供应商的支付能力区分不同类型的信息。互联网服务提供商首先安装了可以识别数据源的设备，然后他们可能会向 YouTube 或奈飞之类的公司收费，以便使其内容相对于其他来源的流量获得"优先权"。另一个在互联网服务提供商中常见的操纵方式是所谓的零费率，其中一些付费服务不受月度带宽数据上限的限制。如果这样的行为被允许的话，互联网服务提供商还将进一步侵犯用户隐私：2017年早期，美国参议院投票通过了一项允许互联网服务提供商在未经客户同意的情况下出售其历史浏览记录等的用户数据的政策（Wenger, 2017b）。

为了解决这个问题，监管部门提出了一个被称作"网络中立"的方案。虽然听起来平淡无奇，但实际上它触及的是信息自由的核心。我们接入人类知识的途径不应受制于互联网服务提供商的经济激励。尽管我们可以考虑转换至另一家提供中立接入服务的互联网服务提供商，但在大多数地区，特别是在美国，宽带互联网服务往往不存在真正的市场竞争。互联网服务提供商在这些地区或是享有垄断地位（往往是监管机构授予的），或是仅存在由少数几家运营商构成的小型寡头市场。比如，在我居住的纽约市，只有一家宽带互联网服务提供商。

随着技术的逐渐进步，像无线宽带这样的新技术可能会使市场变得更加有竞争性。但在这一天到来之前，我们仍需要相关监管来阻止互联网服务提供商限制我们的信息自由。世界各地的人都有这种担忧：2016年，印度就对Facebook提出的一项补贴互联网接入的计划提出了反对，该计划中Facebook服务将获得流量优先权，并且印度还彻底禁止了零费率的做法（Vincent, 2016）。

解锁机器人潜能，拥抱用户权利

当你能够上网时，你需要软件来链接众多的信息来源。1989年，蒂姆·伯纳斯-李（Tim Berners-Lee）发明了万维网，他定义了一个开放的协议——超文本传输协议（HTTP），允许任何人发布和访问信息（"蒂姆·伯纳斯-李"，时间不详）。伯纳斯-李的这一设计，使得任何人都能开发兼容该协议的软件，即网页服务器和浏览器。许多人响应他的号召，包括马克·安德森（Marc Andreessen）创立的网景（Netscape）浏览器，还有许多开源或免费的网页服务器和浏览器应运而生。

开放的协议加上自由软件的组合，意味着无须许可即可发布内容和完全的用户控制。如果你想要在网上添加一个页面，只需下载一个网页服务器，在连接到互联网的电脑上运行它，再用超文本标记语言格式（HTML）添加内容。自然而然，网页上的内容如雨后春笋般激增。不管是想上传宠物猫的照片，还是分享你研究项目的最新进展，无须经过学术出版商的审查，你都可以直接操作。

访问网页的用户则可以完全自主决定自己的浏览内容。按照超文本传输协议的定义，浏览器是作为"用户代理"替用户访问网络的。想要查看服务器传送过来的原始 HTML 代码？只需右键点击屏幕，选择"查看页面源代码"即可。只想阅读文本？指示浏览器关闭所有图片功能即可。想在提交网页表单的同时保存副本？创建一个脚本，让你的浏览器自动在本地存储所有提交的表单信息即可。

然而，随着时间的推移，越来越多的平台开始主导网络，这限制了早期用户曾享有的自由和独立性。比如，我最近在 Facebook 上尝试查找自己以前在朋友的主页发的帖子，却发现无法搜索所有发表过的帖子，我只能逐个翻阅每位好友的时间线，试图回忆自己曾在何时何地发表了内容。虽然 Facebook 拥有所有数据，但它们没有开放搜索功能。无论这是不是它们故意设定的，问题在于，用户只能按照 Facebook 希

拓宽信息获取渠道，加速知识的创造与传播

望的方式来体验它。如果你不喜欢 Facebook 算法对你的新闻源所做的排序，那也只能接受。

试想，如果你在 Facebook 上的每一个动作都通过你能控制的软件程序（一个机器人）进行，你可以让它自动完成 Facebook 为删除旧帖子而设置的烦琐步骤。如果你始终在使用这样的机器人，它也会持续在你的个人数据库中存储所有的帖子，你只需下达指令，就能轻松搜索存档。如果我们都用机器人来与 Facebook 互动，并且对新闻推送的优先级有意见，我们可以请求朋友通过他们的机器人直接给我们发送状态更新，由此我们便能够创建个性化的信息源。这在早期的网络是完全可行的，这是由开放协议决定的，但在现今智能手机上这些专有且封闭的应用程序构成的环境中则无法实现。

虽然这个例子看起来微不足道，但机器人在网络世界中的潜在影响非常深远。以优步和 Lyft 等公司提供的即时打车服务为例，司机们都知道，每家公司都有自己专用的应用程序。他们要么在一部手机上运行两个应用，要么像一些司机那样使用两部手机，但因为应用程序的封闭性，他们无法利用手机的计算能力来评估不同报价。如果他们能使用可以代劳的机器人，就能够同时在这些服务市场中竞争，获得更有利的条件。

利用机器人，司机可以自定义接单标准，比如评判佣金是否低于某个阈值。机器人能协助他们只接受收益最大化的订单。拼车公司就不能再收取过高的佣金，因为新的网络会出现，引发价格竞争。作为乘客，使用机器人意味着你能同时比较不同服务的价格，并选择特定行程中最低价格的服务。

173

我们也可以用机器人来作为反垄断监管的替代工具，来对付科技巨头，如谷歌和 Facebook，这样我们就不必放弃利用其庞大网络的优势。这些公司的大部分收入来自广告，而现在消费者在移动设备上无法屏蔽广告。但如果用户可以操控移动应用，加入广告拦截功能，就如同他们在网页浏览器上所能做的一样，情况会怎样呢？

许多人抨击广告拦截，认为它是对新闻业的打击，预示着独立网络的末日，但这是一种悲观的观点。早期的互联网充满了个人发布的无广告内容，是企业的加入带来了在线商业模式，包括付费订阅和广告。随着 Facebook 和 Twitter 等具有强大网络效应的平台出现，导致了网络内容的中心化，内容要么是在各大平台上生成，要么被转移到了需付费才能访问的区域。

广告拦截在某种程度上是用户行使权利的表现，这是件好事。正如 2015 年纽约一位法官裁定的那样，出租车公司无权要求保护其商业模式免受拼车服务的影响（Whitford，2015），依靠广告获得收入的出版商也一样。虽然广告拦截可能在短期内会对出版商造成不利，但从长远来看，它将鼓励内容生产者通过直接向终端用户收费（例如，通过订阅或众筹）的方式增长。

为了削弱网络的中心化力量，我们应当通过移动应用程序的用户代理来赋予用户权利，正如之前在网页上所做的那样。用户之所以在移动设备上没有同样的权利，是因为本地应用将我们局限于使用我们的感官来与服务互动。我们不能利用智能手机的计算力来代表自己与应用交互。应用程序控制着我们，而不是我们控制着应用程序。像网络浏览器那样，移动用户代理可以执行各种操作，诸如屏蔽广告、保存服务

18
拓宽信息获取渠道，加速知识的创造与传播

的响应副本、允许用户同时使用多项服务。帮助用户的关键不在于拆分那些庞大的科技公司，而在于赋权给个人，使用可代表他们来执行的代码。

这要如何实现呢？一个可能的方法是要求公司，如优步、谷歌和Facebook通过应用程序编程接口（application programming interface，API）公开他们的功能，而不仅仅是通过应用程序和网站。应用程序编程接口是机器人用来执行操作的工具，比如替用户发布动态。Facebook和Twitter等公司都提供了应用程序编程接口，尽管它们的功能往往很有限。而且公司有权随时关闭机器人接口，即使是用户已授权代表他们行动的机器人。

那为什么我不能为自己编写代码，让它代表我与Facebook交互呢？毕竟，Facebook的应用本身就是用应用程序编程接口与Facebook的服务器进行通信的。但问题在于，为此我需要破解Facebook的应用，以找出应用程序编程接口的调用和验证方式。不过，在美国有三部法律规定了这一行为是非法的。首先是《数字千年版权法案》（DMCA）的反规避条款，其次是《计算机欺诈和滥用法案》（CFAA），第三是通过在终端用户许可协议（EVLA）或服务条款（TOS）上点击"我接受"，即表示我接受Facebook施加的限制。这三种情形中的最后一种是民事案件，但根据前两种法律的刑事定罪可判处强制性监禁。

如果我们愿意消除这三个法律障碍，通过破解应用程序来访问系统将成为可能。或许有人会说，这些法律是为了解决重要问题而制定的，但这并不完全确切。《数字千年版权法案》的反规避条款是为了创建数字版权管理系统以执行版权保护而设立的，你对此的看法取决于你

175

对版权的看法，这是我们将在后面探讨的主题。而《计算机欺诈和滥用法案》的适用范围，可以在不限制其起诉欺诈和滥用功能的情况下大幅缩减，同样的情况也适用于公司通过许可协议或服务条款强加的使用限制。如果我只执行了那些在公司的应用程序内部可采取的操作，但恰好是通过我自己选择的程序来执行的，这为什么会被视作违规行为呢？

然而，你可能会质疑：公司不需要保护他们用于加密通信的加密密钥吗？所谓的"僵尸网络"不正是那些臭名昭著的分布式拒绝服务（DDoS）攻击背后的黑手吗？它们通过大量的计算机网络向一项服务发起众多请求，以致服务不可访问。的确，世界各地有很多受感染的机器被用于不良目的，包括机顶盒和家用路由器。但这只说明现行法律在阻止非法机器人行为上收效甚微。因此，公司开发了自己的技术基础设施来应对这些问题。

我们应该如何防止恶意代码伪装成机器人？首先，可以开放源代码允许人们进行检查，以确保它按所宣称的内容执行任务。然而，开源并非唯一的解决方案。一旦允许合法地使用机器人，许多由大公司主导的市场将面临由小型初创企业带来的竞争，他们代表终端用户构建、操作和维护这些机器人。这些公司将会在一定程度上通过建立和维护与客户的信任来竞争，就像保险经纪人代表客户与保险公司打交道一样。

合法化机器人代理意味着会对目前占主导地位的公司的收入造成压力。我们可能担心它们会放慢对基础设施的投资，但由于更多的资金将流向竞争对手，其中存在着相互对抗的作用力。例如，如果优步的抽成（他们收取的乘车费用的百分比）从 25% 被竞争对手压到 5%，公司的估值或许会从 900 亿美元降至 100 亿美元，但仍是一个巨大的数字，且有足够的资本投入有能力实现这一成就的竞争性企业里。

这并不是说我们不应该限制机器人。代表我行动的机器人应该有权限访问我本人可以访问的所有功能,但它不应有权做我无法做的事情,例如伪装成另一个用户或访问其他人的私人信息。

无须依赖于禁止泛用机器人代理的法规,公司可以用技术手段限定机器人的访问权限。

即便认可了机器人的好处,你也许仍有疑问:我们该如何实现这个目标?答案是,我们可以从小处做起。我们可以在纽约等城市进行实验,由市政当局控制按需运输服务的运营规则。他们可以明文规定:"如果你想在这里运营,必须允许司机通过程序来与你的服务互动。"考虑到城市的市场规模,我坚信这些服务提供商会同意的。最终,我们可以规定所有拥有超过某特定用户数量的互联网服务提供者,包括所有的社交网络,甚至是像谷歌这样的大型搜索平台必须提供应用程序编程接口。

要理解这种方法的可行性,我们不妨看看英国的开放银行和欧盟的支付服务指令,它们要求银行为账户提供应用程序编程接口(Manthorpe, 2018)。这意味着消费者可以通过应用程序编程接口授权第三方服务,例如账单支付和保险,而不必在另一家公司开设新账户。这极大地降低了转换成本,并使金融服务市场更具竞争性。在美国,参议员马克·沃纳(Mark Warner)和乔希·霍利(Josh Hawley)提出的《ACCESS法案》(*ACCESS Act*)是为社交媒体公司设计的类似概念的初步尝试。尽管到目前为止,这项尝试尚未取得显著进展,但它指出了一种可能性，即机器人可以作为反垄断法规的一种重要现代替代方案，将权力重新交给终端用户。

改革版权和专利制度，打破分享和创造的界限

即便地理和优先权方面的限制可以克服，并有机器人代表自己在网络上行动，我们仍然会面临法律上的限制，这些限制制约了我们的创造与分享。首先，我会探讨版权和专利法，提出减少它们对知识循环限制程度的策略。其次，我还将讨论隐私法问题。

如我先前所述，单靠手抄复制图书的成本极为昂贵。随着时间的推移，人类发明了印刷机和活字印刷术，这两项发明大幅提高了信息复制的速度并降低了成本。甚至在那个时代，政府和宗教机构也视低成本的信息传播手段为对其权威的威胁。例如，1662年英国出台的《出版法案》规定了经营印刷厂必须得到政府批准，而这种批准往往建立在同意审查批评政府或违背英格兰教会教义的内容的基础上。因此，版权法（即复制的法律权利）的起源与审查制度有着密切的联系。

当时，拥有复印权的人实际上独占着版权内容，从而形成了经济上有利可图的垄断。然而，审查并非维护垄断地位的体面理由，因此支持维系这种特权的辩论很快转向版权是为了激励内容创作的必要存在的观点。18世纪早期，作家丹尼尔·笛福（Daniel Defoe）等人认为，作者所付出的学习和写作时间，不仅在道义上决定了著作权属于他们；为了激励人们进行这些活动，也必须停止生产"盗版副本"（Deazley，

18
拓宽信息获取渠道，加速知识的创造与传播

2004）。尽管与审查相比这个论点更具吸引力，但实际上，即便是在那个时代，版权也很少掌握在原创作者手中。通常情况下，经济上的版权收益归出版商所有，大部分情况下他们通过一次性支付给作者或歌曲创作者的方式获得版权。

版权是为了激励内容创作的论点还忽视了一个事实——长期以来已有大量的内容创作。举个例子，最早的乐器制作可以追溯到 3 万年前，这比版权概念的提出早数千年。即便是已知最早的一段歌曲记录——这标志着音乐从信息向知识的转变，也有大约 3 400 年的历史（Andrews, 2018；Wulstan, 1971）。显然，人们在版权法出现之前早就开始制作和分享音乐了。通过制作和销售录制音乐获利颇丰的那段时间非常短暂，始于 19 世纪 70 年代留声机的发明，并在 1999 年达到了巅峰。而近年来随着流媒体的兴起，音乐产业收入又在逐渐回升（Smith, 2020）。

在录制音乐获利颇丰的短暂繁荣期之前，音乐家维持生计主要依靠现场表演或赞助。即使没有音乐版权这个概念，音乐家也在持续作曲、表演和录制音乐，并采用版权概念出现之前的方法赚钱。正如史蒂文·约翰逊（Steven Johnson）在审视这一议题时所发现的，这样的情况已经在某种程度上发生了，"录制音乐收入的减少，伴随着现场音乐表演收入的增加……于是录音音乐成了现场表演活动的一种市场营销开支"（Johnson, 2015）。许多音乐家现已选择在 SoundCloud 或 YouTube 免费发布音乐，通过现场表演（新冠疫情期间转向线上直播）或通过众筹平台如 Kickstarter 和 Patreon 来获得收入。

再后来，版权持有者强化了他们的权利并扩大了影响范围。例如，美国 1976 年通过的版权法允许创作者创作内容后自动拥有版权，无须

179

注册（U.S. Copyright office，2019）。到了 1998 年，美国版权期限延长法将版权的有效期从作者逝世后 50 年延长至 70 年。这通常被称为"米老鼠保护法"，因为迪士尼集团为此进行了积极游说——在基于受保护的内容开展大量业务之后，他们注意到自家的多项版权即将过期（Slaton, 1999）。

近期，版权游说者试图干预互联网内容的发布，提出了诸如"保护知识产权法案"和"停止在线盗版法案"等议案，并在最初的"跨太平洋伙伴关系协定"中加入相关条款（美国退出后条款被移除）。在这些最新的版权扩张尝试中，版权与数字知识循环之间的冲突尤为明显。版权限制了用户对其可获取内容的使用，基本上局限于消费行为。它对用户分享内容、创建或利用这些内容制作其他作品的能力形成了明显的限制。例如，由于版权问题，YouTube 上使用了受版权保护的歌曲"生日歌"的视频被下架处理，直到几年前这首歌才不再受版权保护。

从社会的角度来看，阻止人们收听或观看已经存在的内容从来不是最佳选择。考虑到访问数字副本的边际成本几乎为零，若某人从已有内容中得到乐趣，这对世界将是有益的。如果他们因此获得灵感，并创作出新的内容，那么世界将受益颇多。

尽管复制内容的边际成本为零，但你可能会问，最初制作这些内容的固定和可变成本从何而来，如果所有内容都免费，那创作它们的资金将从何处来？在一定程度上，的确需要版权来支持内容的创造，尤其是那些大型项目，比如好莱坞电影或复杂的电子游戏：如果没有版权保护使其具备经济上的可行性，这些项目可能无人问津。但即便对于此类大项目，执法上也应有所限制。例如，不应因一个链接指向盗版电影而关

18
拓宽信息获取渠道，加速知识的创造与传播

闭整个服务平台，只要这个链接能被迅速删除即可。我认为版权保护的范围应该大幅缩减，获取成本应该更高。对内容应自动拥有的唯一权利应该是署名权。保留额外权利应需要支付注册费，因为这相当于要求对数字知识循环中的内容进行限制。

设想一个场景：知识作品唯一自动获得的权利是署名权，那么任何人想要复制或传播你的歌曲，只需要注明你的名字即可。这不会对知识循环的任何环节形成阻碍。署名不限制副本的复制、获取和分发，也不限制派生作品的创造或分享。署名包括注明歌词作者、曲作者、乐器演奏者等信息，也可以注明你发现此音乐的地方。当前，对于数字文本和图像的署名实践正在通过使用知识共享许可，或在开源软件开发中使用MIT 许可证而变得流行。

若你不希望他人未经许可使用你的音乐，即你想限制作品对知识循环的贡献，这无疑会减少它为社会带来的益处。因此，你应当为这种排他权支付费用，既是补偿社会的损失，也是支付执行费用。这种费用可以按月或年缴纳，中止支付后，你的作品则自动转回为只需署名即可使用的状态。

想要保留音乐版权，你应该在版权登记处进行注册，部分版权费将用于维持登记处的运作。得益于区块链技术，去中心化的数据库得以运行，这些数据库无须由单一实体控制并运行，允许多个注册机构共享和访问同一全球性数据库。这些登记处可以自由查询，注册过程会核实你是不是在注册他人作品。利用这些登记处，音乐流媒体服务提供商，例如 Spotify 或 SoundCloud，就能轻松地遵守相关规定，确保不会分享拥有保留权利的音乐。

注册费用可依据你希望保有的权利调整。例如，如果你愿意让他人为非商业用途使用你的音乐，或允许创作衍生作品，你的费用可能更低；相反如你希望全面保留权利，费用可能大幅上涨。该系统也适用于所有类型的内容，包括文字、图片和视频。

有批评者指出，这种系统会加重创作者的经济负担，但我们必须认识到，将内容从知识循环中移除同样会给社会带来成本。追查侵权行为并对侵权者进行处罚所带来的额外开销也不容忽视。因此，让创作者承担费用是公允的，特别是在全民基本收入可以确保其经济自由的情况下。

全民基本收入同样被用于为支持严格的版权制度的观点辩护，即出版商提供的就业机会。然而，这一论点并不充分，因为所有主要的音乐厂牌加起来也只雇用了2万多人（"Sony Music"，日期不详；"Universal Music Group"，日期不详；"Warner Music Group"，日期不详）。更重要的是，这种就业存在在一定程度上反映了版权制度的社会成本。许多唱片公司的所有者、经理和员工并非真正的音乐创作者。

此外，实行付费注册制度是合理的，因为知识作品从不是孤立地产生的。所有作者都接触过别人的书籍，音乐人都聆听过大量音乐，电影制作者则观看了无数电影。艺术之所以吸引人，往往在于它能汲取前人的作品加以引用和参考，无论是明显的还是隐晦的。我们所有人都是已经延续了数千年的知识循环的一部分。

版权可能会限制我们分享知识，而专利制度则会限制我们利用知识创造新事物。就像版权赋予了对内容复制的独占权一样，专利赋予了对其应用的独占权。专利的存在有其逻辑基础，与版权相似，即赋予的独占权将带来利润，为投资研究和开发提供激励。

但正如版权那般，专利保护可以激励创新的论点也应予以审慎对待。人们在专利制度出现之前就在进行发明活动，而且很多持续进行的发明创造并不以获得专利认证为目标（Kinsella, 2013）。例子之一就是数学，它证明了"内在动机"的力量，即出于对某事本身的热爱而非因金钱回报而采取行动。许多人甘愿把时间用于解决单一的数学问题，而这些努力常常没有回报。但正是因为人类解决问题的内驱力，数学领域在完全没有专利认证的情况下取得了巨大进步——幸好目前为止数学公式和证明从未被专利认证囊括在内。通过其他方式，这种解决问题的冲动可以且已经得到了成功的放大。

第一个专利系统于15世纪中期在威尼斯建立，英国到了17世纪已有一套较成熟的体系。在此之前，发明便有了数千年的历史，那是一个出现了字母表、活字印刷术、车轮和齿轮等关键性突破的时代。更不用说，许多发明家选择不申请专利，因为他们认识到这对社会而言将是一种损失，一个广为人知的例子是乔纳斯·索尔克（Jonas Salk）发明的脊髓灰质炎疫苗，以及其他一些重要的发明，比如X射线、青霉素和乙醚的麻醉应用，都没有申请专利保护（Boldrin & Levine, 2010）。既然我们意识到了限制知识使用会造成成本，我们应该探索除专利以外有哪些替代方式能激励创新。

许多人因出于解决自己的或世界性问题的愿望而受到激发。随着全民基本收入的实施，更多人将有能力将时间投入发明创造中。数字技术降低了发明成本，可以预见，未来将有更多的创新诞生。例如，科研外包服务公司 Science Exchange 创建了一个实验市场，如果现在你需要对一系列基因测序，可以不需要花费超过 50 万美元购买目前测序最快的 Illumina 公司的测序机器，而是通过 Science Exchange 以每次不到 1 000 美元的费用使用这样的机器。此外，下一代测序机的出现也将进一步降低成本——技术通缩在起作用。

一些立法大大提高了创新成本。尤其是，美国食品和药物管理局围绕药物试验的规定，使药物研发成本高得惊人，导致其推向市场的成本可能超过 10 亿美元。尽管保护患者至关重要，但新的统计技术可以实现更小规模和更快速的药物试验（Berry et al., 2010）。过高的医疗伤害索赔也成为创新的障碍。由于成本高昂，很多药物要么没有得到开发，要么虽然有效却因索赔退出市场，如针对莱姆病的疫苗 Lymerix（Willyard，2019）。

专利并非刺激创新的唯一手段。历史上采用的另一成功的策略是提供奖励。1714 年，英国为鼓励解决海上经度测定问题，慷慨设立奖项。一些发明家因他们设计的计时器、月球距离表等确定经度的方法，包括对现有方法的改进而获得奖金。数学是另一个展示奖励效应的例子，奖金除了金钱外，也代表了认可——除了备受推崇的 40 岁以下数学家可以得到的菲尔兹奖，还有 7 个千禧年大奖难题等待解决，每个附带着 100 万美元奖励［到目前为止只有一个问题被解答，而解答者格里戈里·佩雷尔曼（Grigori Perelman）选择不要奖金，只接受了荣誉］。

在期望加快知识循环的时代，我们必须更多地侧重于那些能够自由使用的知识。最近的 X 奖金、DARPA 大挑战赛和 NIST 竞赛等奖励计划都取得了成功，众筹未来奖励的潜力巨大，医学研究尤其应成为奖励的目标，以降低医疗保健的成本。

虽然奖金可以加速知识循环的发展，但现存的大量专利仍然是一个阻碍。我相信，通过减少被称为"专利巨魔"的非专利实施实体（NPEs）的影响，可以让专利制度更加高效。这些公司没有自己的主营业务，而是专门通过专利诉讼来获利。他们不仅起诉公司，也起诉该公司的客户，导致许多公司为避免诉讼而选择迅速和解。然后，非专利实施实体会用这些和解金继续支持新的诉讼。幸运的是，美国最高法院最近的一项裁决对专利诉讼适用的情况提出了限制，这可能会限制非专利实施实体的活动（Liptak，2017）。

作为专利改革的关键一步，我们必须使废除现有专利变得更容易，同时使获得新专利变得更困难。 在这两个方面，美国已经取得了一些进展，但仍有漫长的道路要走。当前获得许可的大部分专利内容，包括仅得到少量公共资金支持的大学研究，都应该被排除在专利认证之外。各大学经常推迟发布其希望获得专利的研究成果，以便日后进行授权，这种做法对知识循环的损害是很严重的。

我们在庆祝专利作为科技进步的标志时也走上了歧途，我们本应当将专利视为一种必要之恶。理想情况下，我们应当减小现有专利保护的范围，提高新专利申请的门槛，同时通过奖励和提升社会认可来尽可能促进无约束的创新。

如何超越隐私的束缚

版权和专利并不是唯一会妨碍数字知识循环的法律障碍。我们还在通过巧立名目的隐私法规制造新的限制。这些举措不仅限制了信息自由，而且长远来看，我认为隐私与技术进步在根本上是不兼容的。我们不应死守现有的隐私概念，而应该学会在信息广泛共享的环境中如何保持自由。传统上，隐私是我们维护自由的手段之一。要在保持自由的同时超越这个观念，我们需要拓展经济自由、信息自由和心理自由。

在详细阐述这个立场之前，我们可以先了解一下不同国家和个体对特定类型信息的隐私处理方面的巨大差异。比如，瑞典和芬兰多年来一直在公布每个人的税务申报，一些人，包括哈佛医学院的首席信息官及技术院长，甚至公开了他们的完整医疗记录（Doyle & Scrutton, 2016; Zorabedian, 2015）。这些例子说明，在某些条件下，我们可以公开那些通常被认为必须保密的信息。经验表明，分享这类信息不仅是可行的，而且极为有益。

为了更深入地理解这个论点，我们应当对比保密和公开分享信息的成本与收益。数字技术正在使得分享的好处远远超过保密。以放射线影像为例，传统的模拟 X 线成像属于实体胶片，需要冲洗后才能在背光下查看。为了保护其中的信息，人们将胶片锁在文件柜中。若要征询第二意见，必须通过邮件将文件发送给另一位医生，这个流程不仅耗时费力，而且易出错。尽管对这些文件保密很容易做到，使用上却颇为不便。

现在我们来看数字 X 线成像。患者可以在医生办公室立即获得数字影像的副本，可以是在 U 盘上，也可以通过电子邮件、Dropbox 或是其他互联网形式分享。这一技术使得我们能够迅速获得第二意见。如果问诊的医生对影像无法给出确定的判断，患者还可以将其上传至网络，让全世界的医生、病患或是敏锐的观察者查看，哪怕这一情况极为罕见。事实上，这种情况在一些为医学专业人员提供影像分享网络的公司里时有发生，已经屡见不鲜。

然而，这种简便的分享方式背后，是难以避免的隐私问题。任何查看数字影像的医生都能够免费、快速、无损地复制这些影像，并发送给其他人，保险公司等可能接触到影像的相关方也是如此。

批评者认为，我们可以通过加密技术防止未授权的图像扩散，但这种做法有其局限性，若一意孤行可能会引发新的问题。简言之，数字X线影像的优点是便利与高效，但保护数字信息的难度也随之剧增。

分析还没有结束。数字X线影像的优势不仅仅局限于个人层面。假如有一个包含大量带有诊断结果的数字X线成像的影像库，我们可以利用计算机来检索这些影像，让机器学习如何进行诊断。得益于零边际成本的原理，这些系统最终可以为未来的诊断提供免费服务。这确实是我们渴望看到的结果，但我们达到该目标的速度及其控制权将取决于谁能够访问这些数字X线影像。

如果我们将所有的医疗信息公开，诊断和治疗疾病方面的创新将获得极大加速。目前，只有资金充裕的制药公司和少数大学研究项目有能力开展新的医学研究和药物开发，因为只有它们才能负担起邀请足够多的患者参与试验的费用。许多科学家因此加入了大型制药公司，这意味着他们的研究成果会得到专利保护。即使是在大学，研究议程也往往受到严格控制，信息获取被视为一种竞争优势。虽然我意识到我们还需要做很多工作，以创造一个广泛接受健康信息共享，并将带来的风险降至最低的世界，但这应是我们的终极目标。

或许你会好奇，为什么我坚称完全保证隐私是不可能的，加密技术不是已经很成熟了吗？但事实上，加密技术无法解决所有问题。第一个问题是，加密和解密用到的密钥本身也是数字信息，因此确保它们的安全仍然是个大问题。本地设备上生成的密钥也只能提供有限的保护，除非你愿意接受一旦丢失密钥，就可能永久失去其所保护的数据的风险。因此，绝大多数系统都提供了某种基于云的备份方案，但这也意味着有人可能通过技术拦截或者欺骗他人无意中从安全漏洞中访问你的数据。想想那些因丢失密钥或遭到攻击而无法拿回巨额加密货币的人，你就会明白这个问题有多严峻。那些记录良好的加密货币交易所，为了安全不得不投入巨资于安全程序、人员审核和操作保密等环节。

另一个问题是所谓的"终端安全"。向医生发送 X 线成像文件以征求第二意见时，医生的电脑可能装有一个能访问屏幕上任何内容的程序。为了查看 X 线图像，医生必须解密并查看它，这个程序也就能接触到这一影像。要避免这种情形，我们必须对所有计算设备进行锁定，禁止终端用户安装任何软件。但即使是严格控制的设备，也无法避开"模拟漏洞"——某人可以直接拍摄屏幕上的画面，并扩散传播。

锁定计算设备意味着信息自由的减少，压抑创新，并对知识循环和民主构成巨大威胁。如果我们放弃对个人计算内容和信息交换对象的控制权，就等同于接受了独裁统治。就移动计算而言，我们部分出于保护隐私的需要已经走向了这一方向。比如，苹果公司就以此为由解释了为何 iPhone 只能通过 App Store 安装应用程序。如果这种做法推广到所有计算设备，包括我们的个人电脑和云服务器，那么隐私和技术进步的不相容性将变得尤为明显。我们可以选择强有力的隐私保障，或是自由的通用计算方式，但无法兼得。

18
拓宽信息获取渠道，加速知识的创造与传播

尽管不少人相信既能保护隐私又能持续创新的道路一定存在，但没有人能提出一个自洽的未来蓝图：在这个蓝图中，个人可以自由使用技术的同时，隐私也可以得到有效的保护。一旦走出家门，你或许就会被摄像机记录下来，因为现在每部智能手机都有摄像头，将来可能连微型无人机都会装有摄像设备。你特有的步态几乎和你的指纹一样具有可识别性，你的面部图像可能已经在网络上流传，你的车牌号也可被任意一台摄像机读取。你走到哪里都有可能留下 DNA，而我们即将可能以大约 100 美元的价格在家中进行 DNA 测序。那么，政府应该控制这些技术吗？如果应该的话，使用这些技术来分析某人的身份或动向，是否应该受到法律制裁？对这类问题，许多人会不假思索地回答"是"，却没有考虑这样做对创新以及国家和公民权利平衡的长远影响。例如，公民最近使用了面部识别技术识别便衣警察。那些呼吁禁用该技术的人只是过于关注监控问题，而忽略了这种"反监控"（sous-veillance）的用例（法语"sous"意为"下方"）。

隐私与技术进步不兼容的根本原因远不在此。宇宙的基本特性之一是熵，这意味着破坏比创造来得更容易、更快。构建一个沙堡可能耗时数小时，但一个浪头就能瞬间将其摧毁。一个人成长到成年需要近 20 年的养育，却可能仅因一颗子弹而丧生。因为这种固有的不平衡性，技术进步加强我们的破坏能力的速度超过了我们创造的速度。现在，尽管一个人的成长仍需 20 年，现代武器却能在片刻间杀死成千上万甚至数百万人。如此看来，随着技术的发展，我们必然会选择让渡隐私以保护整个社会。试想一下，未来任何人都能在自家地下室制造生物武器——例如，一个比新冠更致命的变种病毒。在这样的世界里，事后执法显得毫无意义。

如果无法在不将技术控制权交给少数人的情况下保护隐私，我们可能需要考虑接纳一个后隐私时代。我们应更注重保护人和自由，而不仅仅是数据和隐私。我们应当让更多信息公之于众，同时加强对个人自由的保护。因为网络黑客和数据泄露，大量信息已被披露；与此同时，还有许多人在博客和社交媒体上主动分享个人信息（McCandless，2020）。全民基本收入所带来的经济自由将发挥至关重要的作用，因为对于隐私泄露的恐惧很大程度上源于对其经济后果的担忧。例如，在你害怕如果雇主发现你发布了一篇关于与抑郁症斗争的博客文章可能让你失去工作时，你可能会选择沉默。这种现象普遍存在，固化了整体上对抑郁症的社会禁忌。需要指出的是，在某些国家，性取向或政治倾向等私人信息被泄露可能会导致严重后果，甚至是生命危险。想要进入我所设想的后隐私世界，民主和人文主义价值观是必不可少的基础要件。

对于那些认为后隐私世界不可能实现或令人恐惧的人来说，它们应该知道隐私是一个近现代的都市概念。尽管美国宪法保护了一些特定的权利，但它并没有确认普遍的隐私权。在18世纪之前，绝大多数人并不具备与现代隐私观念直接对应的理念。许多日常生活功能在过去更为公开地进行。此外，不同文化中的隐私观念差异巨大：比如，很多西方人初次体验公共厕所时会感到非常惊讶（Sasha，2013）。世界各地的乡村生活中，隐私程度远不及大城市，这种隐私的缺失可被视为压抑，也可看作是紧密社区的优势，比如邻居发现你长时间未出门可能生病了，会主动提出帮你购物。

你可能会担心银行账户的问题："如果我的账号是公开的，岂不是犯罪分子可以轻易窃取我的资金？"正因如此，我们需要建立如Apple Pay和Android Pay这类系统，它们通过额外的认证来授权支付。未来

ː18
拓宽信息获取渠道，加速知识的创造与传播

将普及应用双重认证系统，且我们会越来越依赖像 Sift 这样的实时评估交易欺诈概率的系统。正如比特币区块链所示，我们可以建立一个公开账本供所有人查看，但只有使用"密钥"的比特币地址拥有者才能发起交易。

人们对健康信息的隐私问题也感到紧张。例如，我们担心一旦雇主或保险公司得知我们患有某种疾病或处于某种状况，自己可能会面临歧视。全民基本收入所带来的经济自由能够在一定程度上保护我们不因为歧视而陷入困境。另外，全民基本收入可以使劳动力市场缩减，减少雇主拒绝某些求职者群体的可能性。同时，我们还可以通过立法要求雇主提高聘用过程的透明度，从而更容易发现歧视行为。不过要注意的是，在现代社会，要求提高透明度通常会与保护隐私权利发生冲突。

在线留言板 4Chan 的创始人克里斯托弗·普尔（Christopher Poole）等人担忧，没有隐私，人们在网上的自由参与可能会受限。他们认为，隐私让人们能够舒适地在网上扮演有着戏剧性变化的多重身份，这些身份与他们的真实生活有较大出入。然而我认为，若网络自我与现实自我相背离，我们需要承受的代价是焦虑、神经症等心理问题。相对于隐私构成的面纱，保持透明度更有益于健康。情感健康源自我们对不同兴趣的整合，形成一个真实的、多维的人格，而非自我分裂的状态。有关在线自我呈现对心理健康影响的研究可以支持相关观点，这些研究发现，不真实的自我表达与更高的焦虑和神经质水平有关（Twomey & O'Reilly，2017）。

那些反对后隐私观点的人士指出，专制政府可能利用信息来对付公民。无疑，若要达到高标准的信息自由，维护民主和法治至关重要，这在本书的第五部分中也有明确的表述。但与此同时，更加公开的信息其实增加了独裁政权的接管难度。例如，当税务记录公开时，人们更容易清晰地看到谁是政治变革的获益者。

THE WORLD AFTER CAPITAL

19

提升理性思辨能力，
在知识时代自由地
引导注意力

我们需要积极投入
卡尼曼所称的"系统2",
即大脑中需要付出努力,
能让我们独立并理性地思考的部分。

THE WORLD AFTER CAPITAL

提升理性思辨能力，在知识时代自由地引导注意力

试想你身处一个实现了经济与信息自由的社会。在这样的环境中，你会善加利用所拥有的自由，还是会被自己的信念和恐惧所阻碍，无法深入参与知识循环？更糟糕的是，你的注意力是否会被那些为了他人的利益而设计的系统所占据？在这样的社会中，你是会按照自己的兴趣自由地探索，还是会受到工业时代信念的影响，仍旧困于传统的工作循环之中？你是拥有明确的目标感，还是因没有清晰的职业规划和上司指导而感到茫然？你是会探寻新知识，还是只去验证自己已有的信念？你是敢于创新，还是会因为害怕失败而退缩？当你的注意力被操纵时，你能意识到吗？

前文探讨的经济和信息自由涉及的是集体行动方面的变革，下面将讨论我们的个人行动。为了摆脱根深蒂固的工业时代的观念，我们可以通过展开正念练习来迈出第一步。**在我看来，这对于在知识时代中自由地引导我们的注意力至关重要。**

首先，我们必须承认，从工业时代过渡到下一时代所涉及的心理因

素是深刻而复杂的。早在新冠疫情之前,社会和经济的巨变就已经让我们的生活充满了压力。气候危机的加剧以及全球政治和社会紧张局势的升级进一步加剧了这种焦虑感。更糟糕的是,我们还没有学会如何与新技术和谐共存,我们似乎会不自觉地在开会、驾车乃至睡前频繁查看智能手机。这种行为对我们的心理产生了巨大的影响,睡眠障碍、自杀、药物过量和反社会行为(比如霸凌)的发生率上升正是其表征。

我们需要超越对整体人口的一般认识,并对自己的内心世界进行深刻反思,这需要我们付出时间和努力。因为我们的大脑很容易被我们的内省和自我意识的情绪反应劫持。我们能否战胜那些阻碍我们学习、创造和分享知识的焦虑情绪?我们能否放下手机,尽管手机设计的目的就是吸引我们使用?这似乎是一个艰巨的任务,但人类具有独特的适应能力。毕竟,在过去,我们已经历了从采集时代到农业时代,再到工业时代的两次重大心理变化。

现在我们已经明白了人类为什么能够如此成功地适应这些变化。正如神经科学家们所发现的,我们的大脑即便在年老时仍然具有可塑性,这意味着我们的思维方式和内容是可以改变的。实际上,我们可以通过诸如呼吸觉知、冥想和认知行为疗法等技巧来有意识地做出改变(McClintock, 2020)。简单地说,大脑被认为由两部分组成:一个部分本能地产生情绪和快速判断,另一个部分则允许理性思考,但需要付出努力(Kahneman, 2013)。正念可以通过减少我们的本能反应对行为的控制,让我们能够更好地运用理性思维。

俗语"三思而后行"很好地阐述了这个观点:行动前先停下来反思。让心灵自由这一理念在东西方传统中均有所体现。斯多葛派的哲学家发展了一些控制情绪的思考练习，例如在失去某物之前反复想象失去它的情形。在佛教中，冥想技巧被用于帮助人们实现类似的心理自由。我们现在有了现代神经科学研究，开始揭示这些技巧的作用原理，并表明它们之所以能够持续，并不是因为宗教信仰或迷信，而是基于大脑的物质基础（Yoon, et al., 2019）。

接下来，我们将探讨为了将注意力集中于知识循环和知识时代的其他活动，我们需要从何处解放自己。

满足需求而非满足欲望

资本主义的巨大成功让我们对工作和消费产生了混淆，我们不再将它们看作实现目标的手段，反而将其视为目标的一部分。我们通过努力工作和增加消费来推动经济增长，而这仅仅是为了能够进一步促进工作和消费。虽然听起来荒谬，但这已经成了主流思想。我们甚至将这种观点深植于宗教中，转向了鼓励人们更努力工作并赚取更多收入的新教工作伦理（Skidelsky & Skidelsky, 2013）。

更糟糕的是，我们往往受困于所谓的"炫耀性消费"，即"攀比消费"。在这种趋势下，我们买东西重视的不是其本身的价值，而是相较于他人，这些东西可以带来的声望。如果邻居买了新车，我们便渴望拥有更新、更贵的车型。这种行为不仅出现在商品购买上，在服务消费中同样如此，例如 1 000 美元的理发服务和米其林星级餐厅每人 595 美元的晚餐。当然，这种混淆在很大程度上受到了数万亿美元广告投入的驱动，这些广告试图说服我们买更多的东西，用如果我们这样做就会快乐的场景感染我们。受到经济政策、广告和宗教的影响，不少人开始笃信物质主义是人类天性的一部分。

然而，对消费的强烈欲望不过是一种成瘾性行为，它利用了大脑中的一种机制。当你渴望某样东西，例如一辆新车时，你的大脑会基于你对幸福的预期释放多巴胺，给你带来愉悦感。一旦你拥有了这辆车，你会把实际体验与期望相比较。如果车不如期望的好，多巴胺水平就会降低，从而产生极度的失望感；如果与期望相符，多巴胺水平将保持稳定；只有当超出你的期望时，你才会再次获得新一轮的多巴胺冲击。当你逐渐习惯了新车，对它的期待也会调整，你就不会再从拥有一辆新车这件事中获得愉悦感。结果会导致所谓的"快乐跑步机"现象：当大脑适应了某件事物，比如一辆车或一个公寓，想要重新拥有初次体验时的幸福感，就需要跑得更快的车或更大的公寓（Szalavitz, 2017）。

但同样的机制也能为创造和探索提供长期动力，这与消费截然不同。作为一名艺术家或科学家，你可以不断寻求新的主题或方向；作为一名旅行者，你可以持续发现新目的地。在这种意义上，摆脱对消费的欲望，即消费本身能带来幸福感或意义的错觉，是有可能的，只要我们认识到可以让大脑从关注消费转向其他追求，其中很多追求都属于知识循环的一部分。重新定向我们大脑中的奖励机制，可帮助我们重新认识需求与欲望的区别。你需要吃饭，但你可能想要在米其林星级餐厅用餐；你需要喝水，但你可能想要品鉴昂贵的葡萄酒。这正是前文提及的全民基本收入侧重于满足需求而非欲望的原因。一旦你在经济上有能力满足自己的基本需求，并从对物质的欲望中解放出来，你就可以将精力投入知识循环中去。

如果你热爱滑雪并一直在寻找完美的雪场，那么全民基本收入如何让你能集中精力去实现它呢？或许光靠全民基本收入，你可能无法负担每年前往瑞士阿尔卑斯山滑雪的旅费，但考虑到滑雪设备可以用好多年，还可以和他人共享，它实际上并不贵。如果你愿意徒步登山，那么无须购买度假地昂贵的缆车票，你便可以尽情滑雪。

在这种情境下，心理自由意味着把你从对滑雪方式的固有假设中解放出来。有助于实现这一点的是，你可以提醒自己很多这样的假设都源自那些以这种方式描绘滑雪以获取商业利益的公司。一旦你能学会将滑雪定义为一次户外探险和亲近自然的机会，它就并不需要花费太多。这种逻辑也适用于许多其他活动。

为了从欲望中解脱出来，我们应该提醒自己区分需求与欲望，了解大脑如何运作，并将我们的追求方向从消费转向创造性和体验性活动。对于很多人来说，这意味着放下长期形成的对于物质欲望的依恋。最后，我们还应当以批判的眼光看待自己看到的广告，理解其如何让我们对需求与欲望产生了幻觉，并使我们持续陷于工作循环中。

为知识本身而学习

孩子每天会问许多问题，常常让没时间解答的父母感到困扰。人类天生富有好奇心，这种好奇心正是推动人类进步的重要因素（Shin & Kim, 2019）。但在工业时代，好奇心并不受重视。在工厂里，工人每天重复同样的操作，好奇心并不会被重视。同理，现代许多服务行业的工作，如操作收银机器或配送包裹，同样不太需要好奇心。

现行的教育体系是为了支持工业经济的工作循环而设计的，因此它更倾向于压制而非培养好奇心，这并不出人意料（Gatto, et al., 2017）。尽管教育者们很少将"压制好奇心"列为目标，但许多教育实践实际上起到了这样的作用。例如，强制所有8岁儿童学习相同的数学知识、采用以考试为导向的教学方法、削减音乐和艺术课程等做法，都在无形中打压了孩子们的好奇心。

破坏我们的好奇心的一个方式是，我们常依据"能否帮我们找到一份好工作"来评判一个知识领域。如果孩子对学习斯瓦希里语或弹奏曼陀林感兴趣，你会支持他们吗？还是你会问："你怎么靠这个谋生呢？"这样的问题反映出了我们的偏见。当前，人们热衷于学习编程就是这种思维方式的例子，人们学习编程是为了在科技行业找到高薪工作。我们忽视了出于对编程本身的好奇，或将之作为科学或艺术工具的价值，反而将其强行纳入工作循环这一工业时代的逻辑框架。

我们需要摆脱这种功利主义的观念，学会为了知识本身而学习。正如我们已经看到的，全民基本收入可以在很大程度上缓解我们的担忧，即如果让好奇心引导学习，我们或许无法糊口。但在这样一个环境中，我们是否仍将有足够的工程师和科学家呢？实际上，与现在的体系相比，我们可能会有更多的科学家和工程师。因为强迫孩子学习会扼杀他们天生的好奇心。

数字技术可以加快知识循环，凸显出我们在学习过程中必须克服的其他障碍。首先是确认偏误：作为人类，我们倾向于接受那些符合我们已有认知的信息。网上有大量可获取的内容用以强化我们现有的看法，而非让我们开启新的学习道路。我们有可能在这些观念中变得越来越顽固，分化成一个偏激且偏见日盛一日的群体。这种现象随着互联网系统的个性化功能更加显著，如"信息茧房"会让我们更少接触到冲突性信息，（Pariser，2021）。

学习的另一个障碍是，我们倾向于基于有限的数据过早下结论。当一项研究指出，与大型学校相比，小型学校的学生表现更好后，教育工作者会创建许多小型学校，而随后的研究却发现这些小型学校表现不尽理想。事实证明，一所学校的学生数量越多，它的学生表现结构可能越接近学生总体的分布。因此，小型学校的学生的成绩普遍偏好或偏差。

丹尼尔·卡尼曼（Daniel Kahneman）在他的著作《思考，快与慢》中讨论了这类偏见。我们之所以依赖那些导致一致性偏差和讲故事的启发式，是因为人类大脑中的很多系统都为了速度和省力而进行了优化[1]。这些思维方式在模拟知识循环的世界中更有优势，因为更正错误的时间比较充裕。但在当今快速的数字知识循环中，我们必须放慢步伐，否则就会面临传播错误信息的风险。最近的一项研究显示，虚假故事在网上的传播速度远超真实故事（Vosoughi，et al.，2018）。

我们现在的在线交互体验大多是被设计来利用我们的认知和情感偏见，而非帮助我们战胜它们的。像 Facebook 和 Twitter 这样的公司，通过吸引卡尼曼所说的"系统 1"，即我们大脑中负责认知偏见、自动运行的部分，吸引了我们更多的注意力，而变得更具价值。相比之下，人们更愿意查看可爱的动物图片或朋友的状态更新，而不是阅读对碳排放

---

[1] 关于决策和认知的理论，可以参考丹尼尔·卡尼曼的另一力作《噪声》，该书中文简体字版已由湛庐引进，浙江教育出版社出版。——编者注

征税提案的深入分析。近年来"假新闻"的爆发利用了人类认知系统的缺陷，使得大规模操控成为可能。

新系统的开发可以在这方面提供帮助。例如，我们可以设想一种在线阅读器，为用户提供相互对立视角的故事。面对每个话题，你都可以探索持相似观点和对立观点的内容。这种阅读器可以作为浏览器插件，帮助用户在离开社交媒体平台并在网络上四处搜寻时，引导他们积极地探索平时不常访问的信息源（Wenger, 2011）。

然而，从根本上说，我们需要积极投入卡尼曼所称的"系统2"，即大脑中需要付出努力，能让我们独立并理性地思考的部分。培养并持续进行某种形式的正念练习对克服偏见与解放自己去学习至关重要。

保持创作冲动

继学习之后，知识循环的下一环节是创作。 其中，我们依然面临自由的挑战。正如毕加索所言，"每个孩子天生都是艺术家，关键在于长大后如何保持艺术家的天性……"。成年后，我们开始自我审查，抑制小时候所拥有的创造性天赋。当前的教育体系重点是应对标准化考试，会严重扼杀我们的创造冲动。这使得许多人逐渐相信，他们没有创造力。

工作循环进一步加强了这种关于创造力的固有观念，形成了制度化的障碍。社会对人们的分类是专业人员和业余人士。我们赞赏专业的吉他演奏家、艺术家和雕塑家，却贬低业余爱好者，轻视他们的作品，称其为"业余作品"。当我们用艺术家或音乐家的收入来衡量他们的创造力，而不是以他们的追求热情来衡量时，可以想见，很多人会担心自己永远无法有所成就。

杂念同样抑制了我们的创作冲动。总是有另一段 YouTube 视频可供观看、另一封电子邮件待读和另一条社交动态值得浏览。我们的大脑尚不适应这个充斥着大量专为吸引注意力而设计的信息的环境。我们的大脑是在一个充满生存挑战的环境中逐渐演化而来的。比如，听到附近动物的声响可能意味着生死攸关的危机，这也解释了为什么我们的大脑如此容易受到外界干扰。这就像我们在糖分超标的世界中对糖依然有着渴望一样，一切都源于进化，是对当前环境的一种不适应。

为了真正投入创作，我们需要从这些精心选定并集中的刺激中解脱出来。正念练习在这方面大有裨益，能让我们排除干扰。此外，我们还可以利用多种方法来预防干扰，比如将手机设置为勿扰模式（我的手机始终开启着勿扰模式，只允许家人联系我——如此我便可以在自己想用手机的时候使用，而不是在 Facebook 或 Twitter 想让我使用的时候）。

建设强大的内心

哪怕我们创作了一些东西，我们中的许多人也害怕分享出去后会受到批评。人们可能会说我们的画作难看，我们的编码水平低劣，或是我们的提案太幼稚。考虑到在线评论的现状和网络"喷子"流行，这些担忧并非无根之由，但这不应成为我们参与知识循环的障碍。部分解决之道在于，我们需要内心足够坚强，即使面对批评也要坚持分享。

解决之道的另一部分是培养同情心。每当我们在线点评他人作品时，我们应该提醒自己他们勇于创作并分享。同时应铭记，通过贡献于知识循环，他们实践了使我们真正成为人类的行为。管理线上社群的人应该提供工具，以屏蔽和禁止那些恶意的、旨在制止分享的攻击性行为。

如果你生活在一个遭受独裁、审查或暴民统治的国家，分享意见、艺术品或研究将可能导致被监禁、受酷刑甚至死亡。然而，尽管如此，我们经常能在这些地方发现依然愿意自由分享的人。我们应由此获得鼓舞和勇气，并支持人们在这些地方建立反审查的系统，允许人们使用化名和以匿名的方式分享（尽管如前所述，这些系统最终只能提供有限的保护）。

在知识时代，"过度分享"的现象确实存在——并不是分享过多个人信息，而是无意识地分享有害信息。威胁、谣言和谎言可能会自我繁殖，我们可能会发现自己无意中助长了一场信息风暴，在这个风暴中，最初的一丁点信息逐渐裂变，变成一场摧毁一切的雪崩。因此，与其他场合的自由一样，心理上分享的自由同样是一把双刃剑。我们需要克服恐惧，分享自己的创作和想法，同时也需要控制我们的情绪反应，以避免破坏知识循环。在分享之前，先问问自己，这样做是增进知识追求还是有损于它。如果答案不明确，或许最好的选择是不分享。

将人文主义放在学习的核心地位

自我调节是心理自由的核心，它可以帮助我们区分欲望和需要。自我调节能让我们对他人的话语、文字或者行为保持冷静，而不是立即以愤怒回应。它让我们能够同情别人，乐于接纳新知识。同时，自我调节还能帮助我们克服创作和分享时的恐惧。

然而，我们人类对生命的意义有着本能的追求，这导致我们在寻求目标和认同的过程中，很容易陷入心理上的不自由。存在的焦虑的表现形式有很多种，从无所事事到想做尽所有事的狂热。宗教能够持续存在部分是因为其满足了人们对生命意义的追寻。许多宗教声称，我们的宗旨是遵从一套神圣的戒律，如果我们能做到，相应的神明将会对我们的存在给予认可，甚至可能是奖赏。

许多宗教组织会故意打断知识循环。他们通过诸如审查和"神圣知识"等机制限制批判性探究——这是知识随时间累进的途径。这些机制通常体现在宗教典籍中，其目的是维护那些掌握文本及其解释的权威人士的权力。尽管信仰一种宗教可以满足你对意义的心理需求，但它也可能妨碍你全面、自由地参与知识循环。

许多非正式信仰亦是如此。人们可能信奉个人命运早已注定，来满足对生命意义的追求，但这同样会产生"这是注定的，我无能为力"等想法，进而阻碍心理自由。或者人们也可能属于某个社群，通过认同感满足意义需求，却又因为强制的一致性要求而限制了他们参与知识循环。通常很难意识到个人行为在多大程度上被习俗或同伴压力所驱使。

围绕知识的重要性构建的新型人文主义可以提供一种替代方案，它不仅不会抑制心理自由，而且能增强心理自由。以参与知识循环作为核心价值，我们鼓励大家学习新事物、发挥创造力并与他人分享。这并不意味着人人都得成为传说中的火箭科学家。有着许多方式可以参与知识循环，艺术创作、关怀他人和保护环境均是其中的一部分。

为了帮助人们获得心理自由，我们需要彻底改变大多数国家现行的教育体系。现有的教育体系是为了服务于工业时代而设计的，其目的是培养人们进入工作循环。我们需要构建一个尊重知识本身的价值的体系，允许学生发现个人兴趣并将其深化为人生目标，并教导人们如何实现心理自由。换言之，我们需要将人文主义置于学习的核心。

人文主义与知识循环对于我们重新组织社会结构，以及对周遭世界承担责任具有重要影响。这将在第五部分中展开进一步探讨。

THE WORLD AFTER CAPITAL

第五部分

从资本转向注意力，我们将不得不再次彻底改变一切

THE WORLD
AFTER CAPITAL

哪怕你现在已经确信了知识循环和注意力稀缺在数字时代的重要性，并信服我提出的增进经济自由、信息自由和心理自由的建议，仍然有一个重大疑问摆在面前：这一切能实现吗？

你或许会觉得我所提出的改革方案——从货币的创造方式到由谁控制计算，都太过激进。你可能认为这些都是乌托邦式的空想，反驳说我们不可能彻底改变我们的生活方式。然而，请注意这个事实：人类已经经历过两次彻底的改变。无论是从采集时代食物稀缺转变为农业时代土地稀缺，还是从土地稀缺转为工业时代的资本稀缺，每一次转变都伴随着极其深刻的社会变革。

当人类从采集时代过渡到农业时代，生活方式由游牧变为定居，从平等主义社会进入等级社会，从混交制变成一夫一妻制，从泛灵论宗教变为有神论宗教。当从农业时代进入工业时代，人类从乡村迁往城市，家庭结构从大家族变为核心家庭，从公有产权转变为私有财产等。尽管第一次转变持续了几千年，第二次转变历经数个世纪，但它们清晰地显示，当核心资源的稀缺性发生变化时，生活方式也会发生深刻的改变。

现在，随着稀缺性的再次转变——从资本稀缺转向注意力稀缺，我们将不得不再次彻底改变一切，不管这看起来有多难。第五部分将讨论一系列想法，将帮助我们思考每个人可以如何为这种转变贡献力量。还有许多不同的问题等待我们去解决，我所列举的只是冰山一角，你可以将其视为我们如何为此承担责任的启发源泉。

> # THE
> WORLD
> AFTER
> CAPITAL

20

每个人都能因正念练习而变得更好

每个人都应当采取的
一项行动是发展正念练习。

THE WORLD AFTER CAPITAL

20
每个人都能因正念练习而变得更好

　　每个人都应当采取的一项行动是发展正念练习。虽然"正念"这个词被使用了很多次，可能会被忽视，但正如之前在讨论心理自由时提到的，如果没有这样的练习，我们将难以完全参与接下来提到的其他行动。每个人都可以找到适合自己的练习方式，或是冥想、瑜伽、跑步，或是完全不同的其他活动。我会在每天早晨起床和晚上睡前做有意识的呼吸觉知练习。我大约是在 5 年前开始这样做的，我的生活由此发生了翻天覆地的变化。

　　同样重要的是，我们也需要帮助并激励他人同样实践正念练习。虽然数学是否应该成为学校教育的必修科目曾是人们争辩的话题，但关于是否应该将正念教育纳入考虑却鲜有讨论。一个人完全有可能在基础教育和高等教育阶段没有做过正念练习。每个人都能因正念练习而变得更好——代数却不见得如此。为促进正念练习传播的方式是科学研究和创业。对于不同技术如何影响了我们的大脑，目前还有很多未知。相关的个性化辅导服务有着广阔的市场空间，同时也需要更多的应用程序来协助人们进行冥想和有意识的呼吸觉知练习。

213

THE WORLD AFTER CAPITAL

21

集中注意力和资源来应对
人类的生存挑战

如果我们不能集中注意力
并投入资源来应对气候危机，
那么接下来的过渡过程可能比之前
人类进入工业时代时更为糟糕。

THE WORLD AFTER CAPITAL

21
集中注意力和资源来应对人类的生存挑战

气候危机是当前人类面临的最大挑战。如果我们不能集中注意力并投入资源来应对气候危机,那么接下来的过渡过程可能比之前人类进入工业时代时更为糟糕(后者伴随了两次世界大战)。这种说法听起来可能有些夸张,但事实上,气候危机对人类而言是一个生存上的巨大威胁。

每天,难以量化的巨大能量通过阳光传递到地球上。许多能量会被重新辐射回太空,但是温室气体降低了地球释放热量的能力,使得热量停留在大气中。

以广岛原子弹释放的热量作为参照,你猜与前工业时期相比,地球保留了多少额外的热量呢?是每年相当于一颗原子弹的热量吗?还是每月一颗?又或是每周一颗,甚至是每天一颗?事实上,多出来的热量相当于每秒爆炸四颗原子弹,且这一过程是不间断的,一天24小时,一年365天。

如果外星人的飞船每秒往地球大气层投放四颗核弹,我们应当作何反应呢？我们肯定会放下一切全力以赴地应对。这几乎就是电影《独立日》(*Independence Day*)中的情节。然而，我们面对的气候危机不是外星人入侵导致的，而是我们自己的行为，所发生的也不是震撼的爆炸，而是大气和海洋中的分子都在加速运动（即物质加热的实质）。

缓解气候危机有多种方式，包括改变个人消费习惯，比如改用电力取暖；投票支持那些承诺解决此问题的政治家；积极参与到环保活动中。就和拓展正念实践时一样，科学研究和创业是采取行动的关键途径。比如，仍存在诸多问题待解决，以使核聚变发挥更大作用（它将提供清洁的丰富电力），或是更有效地减少大气中的温室气体。同时，我们还需要创立许多公司来促进太阳能的充分利用，在发展中国家推广。

THE WORLD AFTER CAPITAL

22

以全新的民主形式迎接未来

**我们应当探索新的民主形式
以迎接未来。**

THE WORLD AFTER CAPITAL

22
以全新的民主形式迎接未来

在需要迫切变革的过程中，我们应当通过哪种政治进程来实施？在这一过渡期，一些领导人提出了简单化且充满民粹主义色彩的答案，回应那些难题，他们呼吁回到过去。在全球范围，包括美国在内，都存在着向独裁和其他专制形式滑落的风险。

民主是唯一能让知识循环发挥最大潜能的政府制度。它允许尝试新政策，并在失败时和平过渡到另一套政策。虽然独裁可能提供看似迅速的解决方案，但我们需要确定什么才是让民主制度运作良好的必要条件。一些措施在大众看来显而易见，例如限制金钱对政治的影响。

注意力是一种稀缺资源，可以花费大量金钱"购买"，或者通过做出让人震惊的行为来获取。 这两种方式都对民主构成了威胁：前者让候选人受制于资助者的利益，后者会导致两极分化而非真正的批评性辩论。

我们应当探索新的民主形式以迎接未来。面对当今世界的复杂局面，我支持推行专业化和代理投票。我们应该探索民主的形式，将自己在特定议题（比如能源政策）上的投票权委托给信任的人选，这些代表人选随后将基于政策提案来选举能源部门的负责人。

气候危机的背景下，另一个值得探讨的方案是所谓的"公民议会"。通过抽签随机选出公民组成议会，并邀请相应领域的专家指导。在专家的协助下，他们将直接施行制定的方案或提请公投。这一想法源自雅典民主制，即通过随机抽选公民来担任不同的政府职能。这种方法的好处在于，它能够跳过冗长的选举周期，让那些不一定受到任一政党欢迎的政策得以面世。举例来说，爱尔兰就是通过公民议会成功地制定了堕胎政策。

以上只是众多可行的民主形态中的两种可能性。凭借数字技术，我们拥有了从未有过的选项。例如，西班牙一个叫 Jun 的小镇就将 Twitter 作为市民与地方政府之间沟通的主要渠道（Powers & Roy, 2018）。我们应积极探索这些新的可能性，这也包括重新考虑我们用来做出决策的地理单位——核心原则是，在最低层次上做出决策。像限制温室气体排放这样的决策需要全球共同努力，但有关实现方法的决策应在更低的层次上做出。

在重大的变革时期，采用辅助性原则（即在最低层次上做出决策）是特别重要的。比如，受数字技术快速发展的影响，教育领域正发生巨大的变化，因此，我们应允许地方层级上的创新实验。通过开展众多小型实验，我们可以更加迅速地筛选出有效的做法。

最重要的是，我们必须拒绝独裁和专制主义。它们实质上削弱了知识循环，因为它们不能容忍言论自由——它们的权力建立在抑制批评的基础之上。在这样一个需要辩论和贯彻新思想的过渡期，这种做法尤其危险。有许多方式可以捍卫民主，最明显的是在投票中对抗那些可能成为独裁者的人。当然，一旦他们掌握权力，公开发声反对他们也同样重要，即使这可能需要付出沉重的个人代价。

THE WORLD AFTER CAPITAL

23

积极推动去中心化

不论是政府还是经济的集中化，
都对知识循环构成了阻碍，
因为它们限制了创新的空间。

THE WORLD AFTER CAPITAL

23
积极推动去中心化

正如我先前所述，多数发达国家拥有一个庞大的中央政府，决策权力高度集中。这种集中化也同样体现在经济领域，寥寥几家大企业主导了大多数行业。不论是政府还是经济的集中化，都对知识循环构成了阻碍，因为它们限制了创新的空间。新冠疫情所引发的反应便是此现象的近期例证。以美国为例，检测工作基本上由联邦政府控制，导致各个州无法灵活地展开差异化响应。甚至像加利福尼亚这样的大州，以一个独立的经济体来衡量，其经济规模全球排名第六，也无法批准本地初创公司开发的快速测试工具（Haverstock, 2020）。

我们可以采取诸多措施促使权力的去中心化。例如，若条件允许，家长可以选择与其他家长合作，尝试建立教育小组在家里为自己的孩子提供教育。更为关键的是，我们能够参与到新兴的区块链技术领域。最广为人知的区块链技术应用是比特币，一种黄金的数字替代品。

区块链是去中心化的网络，但能够达成共识，比如哪个网络地址控制了多少比特币。这一点很重要，因为正如之前所述，Facebook、谷歌或亚马逊等公司的强大力量源自它们的网络效应。同样，政府的权力也来自网络效应，即它们有发行货币和监管银行的权力。运用区块链技术建立这些系统的去中心化替代品，是一种削弱政府和大型企业权力的方式。

实际上，当区块链正常运作时，它们是不可审查的。除非政府或企业能够控制区块链网络上的大部分节点，否则该网络上的信息会被持续地正确传递，哪怕有节点尝试删除或篡改数据。政府所能采取的措施只有禁止其国民访问这些网络，这需要对所有互联网流量实施严格的控制。

尽管任何一个新兴的区块链系统都存在失败的风险，但广泛的尝试最终会孕育出具有颠覆性的全球性影响力的系统。其中最激动人心的可能性之一，是我们有望看到在现有政府预算之外，通过某种加密货币实现全民基本收入。目前，包括 Circles 和 $UBI 代币在内的多个项目都在尝试这样做。

需要明确的是，去中心化和区块链技术并非解决所有问题的灵丹妙药。例如，有些问题（比如水务和污水处理）确实需要集中管理。此外，去中心化也可能带来新的问题，比如可能加剧之前讨论的"网络巴尔干化"问题。但在当前这个过度中心化的时代，积极推动去中心化，并将其视为一种平衡力量是至关重要的。

THE WORLD AFTER CAPITAL

24

提升学习体验

学习是知识循环中
最具挑战性的一步。

THE WORLD AFTER CAPITAL

24
提升学习体验

　　学习是知识循环中最具挑战性的一步。想想看，有多少人渴望能弹奏吉他，却要么从未迈出第一步，要么在短暂尝试后便选择放弃。学习本身是困难的，因此我们需要寻求方法，让学习变得更简单、更有趣、更具有社交性质。近期这个方面已经有了不少突破，例如，多邻国就通过将语言学习拆分为小单元，并根据每个学习者的情况进行个性化定制，让学习语言变得更加容易。

　　我个人对参与创造两个特别的项目非常兴奋。第一个项目是一个综合平台，可以学习数学、编程、工程学和科学。这些领域的知识紧密相连，但教授它们的方法往往缺乏协同性。第二个项目是对知识原理的系统总结。尽管人类掌握的知识浩如烟海，似乎不可能全面了解，但这一定程度上是一种错觉，因为大量知识实质上都是对一组少量的底层原理的延展或运用。搜集并解释这些基础原理将使得知识获取变得更加便捷，并且有助于整合那些看似毫无关联的领域。

　　新冠疫情虽然造成了沉重的代价，但它也促进了学习方式的创新。

许多家长开始意识到，不论是单独教育还是以小组形式合作，在家教育孩子都可能是一个合理的选择。我们有多种方法可以激发孩子与生俱来的好奇心，鼓励他们学习，无论是自己学习新技能，还是发明和建立新的体系。

THE WORLD AFTER CAPITAL

25

提倡和实践人文主义

**每个个体都能为此做出贡献，
无论是参与全民基本收入的试点项目，
还是创作并按照"创作共用"许可发布内容。**

THE WORLD AFTER CAPITAL

提倡和实践人文主义

鉴于我们之前讨论的资本主义存在的诸多局限性，我们可能会认为某种形式的马克思主义思想值得推崇。但是，这些思潮同样不是对未来的创新。常见的其他替代方案仍然受到工业时代、资本稀缺性的框架的限制。如同你现在所了解的，我的提议实际上旨在缩减资本主义的规模，就像我们曾经缩减农业所占的比重那样，以留出更多空间给知识循环。

这项工程的重心在于推广人文主义及其相关政策，例如引入全民基本收入。每个个体都能为此做出贡献，无论是参与全民基本收入的试点项目，还是创作并按照"知识共享许可协议"发布内容。

促进人文主义的扩散也可以通过在我们日常决策中融入人文价值观来实现。所有一切的起点都是将自己首先视为"人类"，而将国籍、信仰、性别和种族置于次要地位。我意识到，身为一个居住在美国的白人男性，这对我而言更为容易，但这并不影响人文主义底层价值观的正确性。在之前关于人文主义的章节中我阐述了部分内容，现在我想给出一个更全面的价值列表。

- **团结：** 在这个勉强能够维持人类生活的星球上，居住着将近 80 亿人口，在这个宇宙中，除了地球，其他星球对人类来说几乎都是不适宜居住的。我们需要相互支持，无视性别、种族或国籍等差异。如气候危机这样人类面临的重大挑战将影响每一个人，需要我们携手合作解决。

- **多样性：** 每个人都是独一无二的，我们应该赞美这些差异，这是人性中美丽的一部分。

- **责任：** 只有人类拥有知识的力量，因此我们要对其他物种负责。例如对鲸鱼而言，人类应当是守护者而不是敌人。

- **非暴力：** 无论是精神上还是身体上的伤害都会削弱甚至剥夺我们为人类做贡献的能力，因此我们必须尽可能避免暴力行为的发生。

- **正念：** 虽然大脑能体验到各种情感，但被情绪左右会使我们失去理智。正念可以帮助我们充分感受情绪的同时，依然保持分析问题和找到创新性解决方案的能力。

- **快乐：** 我们能体验到许多不同的情感，但生活中的欢乐时刻使得生活值得期待。

- **批判：** 当我们看到可以改进的地方时，我们需要有能力表达出来。无法接受批评意见的个体、公司与社会终将停滞不前，走向失败。

- **创新：** 除了批评外，另一个主要的提高方式是创造新的观点、产品和艺术。缺乏创新的系统会陷入停滞并开始衰败。

- **乐观：** 我们需要相信问题是可以解决的。如果失去乐观，我们就会停止努力，而像气候危机这样的问题将会日益严重，最终危及人类的生存。

这些价值观有助于我们解析人类进入知识时代面临的道德问题。这将是一个值得另写一本书深入探讨的题材，我在这里只提供一个例子：我们应不应该杀害动物来满足人类的食物需求？一个解答可能是放弃食肉，成为蛋奶素食者或严格的素食主义者；另一个解答是努力在实验室中培养肉类。从人文主义的角度来看，这两个答案都是可行的。而继续吃肉且不探索替代方案——保持现状，不履行人类应该担负的责任，这样的做法是不可取的。

THE WORLD AFTER CAPITAL

结 语

放下工业时代的旧思维，
拥抱知识时代的新理念

我们能走向何方，
将取决于每人每天所做的
选择——无论是日常交流中对他人的态度，
还是我们应对气候危机的举措。

THE WORLD AFTER CAPITAL

结 语
放下工业时代的旧思维，拥抱知识时代的新理念

在向知识时代的过渡中，我们必须迅速行动。我们在应对气候危机方面进度严重落后，随着危机的逐步显现，社会有很大的可能性陷入混乱。再长远一些看，我们可能面临超智能威胁崛起的威胁，而且有可能我们并不是宇宙中唯一的智慧生命。要应对这些风险，唯一的途径是放下工业时代的旧思维，拥抱知识时代的新理念。若成功过渡，无尽的机遇就会呈现在我们面前。

撕扯世界的两股力量

世界正被两股力量撕扯：**一部分人渴望回到过去，另一部分人在工业时代的思维牢笼中推进技术发展。**如前文所述，技术扩展了可能性空间，但并不会自动使每个人生活得更好。受制于过时思维，自动化目前仅造福了少数人，同时大规模压榨着社会其他阶层。此外，数字出版也不会自动加速知识流通，相反我们却生活在一个充斥着假新闻和信息泡沫的世界里。

那些企图把我们拉回过去的人正在利用这些趋势。他们向受技术负面效应影响的弱势群体许诺，一切都会变得更好，与此同时却在大规模操纵方面投入巨资。他们试图限制开放的互联网，同时建立秘密监控。这一现象在美国政治光谱的左右两翼都很普遍。不论是共和党还是民主党，两者皆缺乏真正具有前瞻性的政策，他们更偏向于通过政府控制网络平台及言论自由，而非像信息自由那章谈及的，赋予用户权力。

这种做法导致了两极分化严重，侵蚀了批判性探究与民主。更让人担忧的是，无论在国内还是国家之间，大规模暴力冲突的可能性在上升，而气候危机给全球工业和食品供应链带来了灭顶之灾。同时，我们解决气候变化的能力正在下降，因为我们正沉溺于民族主义，而非面向未来。

超人类、新人类与超级智能

我们需要迫切转向知识时代还有另一个原因：人类正站在创造超人类和新人类的门槛上。"超人类"指的是通过基因改造（例如利用CRISPR技术）和数字增强（如Neuralink脑机接口技术）而能力获得增强的人类；"新人类"则指拥有人工智能的机器。我将它们同列于此，是因为这两者都能成为知识循环的完整参与者。

未来，无论是超人类还是新人类，都可能发展成为一种"超级智能"，给人类带来潜在威胁。哲学家尼克·博斯特罗姆（Nick Bostrom）已就这一主题出版了专著，警示我们超级智能可能导致灾难性后果。我不打算在此重复他们的观点，但值得我们审视的是，未来的超级智能会

结 语
放下工业时代的旧思维，拥抱知识时代的新理念

从我们现在的行为中学到怎样的人文主义价值观？

我们在批判性探究这一核心的人文主义价值上的表现并不理想。在对待其他物种的问题上，我们的表现同样糟糕，其中最大的失败是工业化的肉类生产。我相信，面对人类造成的问题，最佳的解决路径是创新，而实验室培育的肉类和植物性的肉类替代品令我感到兴奋。改善我们对其他物种的态度，是利用自动化释放注意力的重要方向。

然而，更为关键的是我们如何对待人类自身。这涉及两个方面：我们目前如何对待彼此，以及未来我们将如何对待新形态的人类。我们目前在人与人之间的相处上还有很大的进步空间。我的许多建议旨在解放人类，让他们能够发掘并追求个人的兴趣和目标，而现行的教育和就业体制往往与这种目标背道而驰。特别值得注意的是，在构建知识时代时，我们需要设法克服而非强化物种差异，这些差异多被用作现有歧视和虐待的借口。这对即将出现的超人类和新人类超级智能至关重要，因为它们不受人类物种局限性的影响。

最后，我们将如何对待这些新人类呢？这是一个可以说有点荒谬却必须正视的问题。机器是否应具有人权？如果它们是人类，那显然应该有。我对人之为人的定义——创造并使用知识的能力，也适用于通用人工智能。人工智能是否需要拥有情感才能被视为人？它需要意识吗？这些问题难以回答，但我们必须迅速应对。鉴于这些新型人类与我们的生物硬件基础有很大的不同，我们无法预期它们的情感或意识会与人相似。在我们勇往直前的同时，这是需要进一步努力的重要领域。我们绝不能在无意中创造出大量新型人类，又对它们视而不见，甚至施以不公。

费米悖论，物种存续级别的挑战

在此，我要提出一个我们迫切需要进入知识时代的最后一个理由。我们容易认为自己是宇宙的中心。在早期宇宙学理论中，人类曾自视地球为宇宙的中心，而随着认识的深入，我们逐渐意识到，地球不过是围绕一颗普通恒星旋转的小行星，在浩渺宇宙中占据一个微不足道的位置。近期的研究表明，宇宙中存在许多类地行星，这意味着智慧生命可能在其他地方出现过。这种可能性带来了各种令人着迷的问题，费米悖论正是其一：既然宇宙如此之大，拥有诞生智慧生命的潜力，为何我们至今没有接收到任何信号？

解答此悖论有诸多可能性。例如，文明可能发展到类似我们当前阶段，并因未能成功转型而灭亡，考虑到我们当前是如何处理转型的，这看起来是个可能的未来。智慧文明可能遭遇无法克服的挑战，如气候危机，并最终消亡或在知识和技术领域遭受崩溃。鉴于宇宙的时间和空间之广，我们这样短命的文明在浩茫时空中被探测到的概率极小。此外，气候变化无疑是迫在眉睫的威胁，然而人类还面临众多其他物种存续级别的挑战（Ord，2021）。

费米悖论的另一种解释提出了不同的挑战：更进步的文明可能会选择"隐秘行事"，避免被更先进的文明发现和毁灭。按此思路，我们可能正走向一个异常危险的时期，因为我们已经向外界暴露了自己的存在，却无法进行太空旅行。

结　语
放下工业时代的旧思维，拥抱知识时代的新理念

我们能走向何方，
将取决于每人每天所做的选择

反过来，我们也应该思考在知识时代，我们能拥有哪些机会。自动化是一个巨大的机会。我预计，在成功过渡到知识时代约 50 年后，困在工作循环中的人类注意力将减少到人类全部注意力的 20% 或更少。这一变化与工业时代对农业领域的关注减少量相当。我们终将能够实现许多思想家预见的自由水平，例如凯恩斯在其 1932 年的论文《我们孙辈的经济可能性》（*The Economic Possibilities for Our Grandchildren*）中所描绘的，多数时间生活在休闲之中的人类社会。马克思也设想过这样的世界，尽管他认为其实现途径将有所不同。他描述了一个系统，在这个系统中，"人们今天可以做这件事，明天做那件事，早上去打猎，下午去钓鱼，傍晚养牲畜，晚饭后进行评论，随心所欲，而不必成为猎人、渔夫、牧民或批评家。"（Marx，1845）这正是知识时代的美好期许。

然而，人类进步的机会还有很多，包括太空旅行。我生命中最沮丧的时刻之一是我意识到太阳终将耗尽能量，并将毁灭地球上的所有生命。如果一切最终都将结束，那我们所做的一切又有何意义呢？幸运的是，我后来认识到，通过积累足够的知识和进步，人类可以成为太空旅行物种，在不同星球上生活，最终去往恒星。

另外一个机会是消除疾病。我们有时很容易忘记自身已经取得了多么巨大的进步。过去曾致人残废或致死的疾病，现在多数已经变得可以治疗，甚至被根除。我们在对抗癌症方面也取得了重大进展，相信在未来的几十年内，大多数癌症将可被治疗。这最终引出了关于死亡的问

题。我们能够或者说应该追求长生不老吗？我相信我们应该如此，尽管实现长生不老将带来新的问题。这些问题并非一些人设想的人口过剩等，因为出生率在下降，而且显然，我们的星球之外还有更多的空间。长生不老的真正挑战在于如何保持知识循环的功能，我们不仅需要找出如何维持身体的活力，更要弄清楚如何保持思维的灵活性。正如马克斯·普朗克（Max Planck）所指出的，"科学是通过一场接一场的葬礼前进的，"——旧的，占主导地位的理论不会轻易让位于新的理论。

还有一个机会在于实现资本的丰裕。按照早前的定义，这意味着资本的边际成本将趋近于零。最直观的设想就是像《星际迷航》(Star Trek)一样的复制器——设想一台微波炉，它的功能不是加热食物，而是能够从零开始制作食物，不需要你去购买食材。资本的丰裕可能看似是个不可能实现的梦想，但实际上在目前大多数的物理建构的过程中，限制因素是所需能源及其对人工操作的依赖。机器学习的发展旨在解决后者的问题，但能源方面的进展一直较慢：虽然我们还未见到输出能量超过引发聚变所需能量的聚变反应堆，但从根本上讲，其中并不存在关键性的障碍。随着知识的积累，我们一定能使核聚变成为现实，突破实现资本丰裕的最后障碍。

我们正处于一个未来有着多种可能性的时代。人类的结局可能横跨多个极端，从未来可能的气候灾难导致的灭绝，到探索宇宙的无尽旅程。我们能走向何方，将取决于每人每天所做的选择——无论是日常交流中对他人的态度，还是我们应对气候危机的举措。这是一个巨大的挑战，面对这一转型的重要时刻，我每天既感到恐惧又充满激情。我衷心希望《资本之后的世界》能够为我们迈向知识时代作出微小但有价值的贡献。

THE WORLD
AFTER CAPITAL

致 谢

在这里，我想表达对每一位在我成长道路上给予帮助的人的深深感激：感谢我的父母，他们在计算机还不普及且昂贵的年代，毫无保留地支持我的兴趣；我亲爱的妻子苏珊·丹齐格（Susan Danziger）和我们可爱的孩子迈克尔（Michael）、凯蒂（Katie）以及彼得（Peter），是你们让我成为更优秀的人；我无比敬重的多位老师，特别是埃里克·布伦乔尔森（Erik Brynjolfsson）和本特·霍姆斯特罗姆（Bengt Holmström），向他们学习是我莫大的荣幸；我的伙伴们，在联合广场风险投资公司（Union Square Ventures）的弗雷德·威尔逊（Fred Wilson）和布拉德·伯纳姆（Brad Burnham）率先邀请我加入这个他们创立的团队；与我合作过的无数企业家们；在哲学和科学领域的戴维·多伊奇和基娅拉·马莱托等人，他们向世界证明了人类知识的力量；那些在我人生起伏中陪伴在侧的朋友们；那些留言评论我的书和博客的读者们，以及邀请我演讲的组织者们，无论贡献大小，你们的每一分努力我都铭记于心，特别要感谢埃德·库克（Ed Cooke）在早期反馈的贡献，塞思·舒尔曼（Seth Schulman）在初稿中的努力，巴西尔·贝塔斯（Basil Vetas）在研究方面的扎实协助，尼克·汉弗莱（Nick

Humphrey）精准的编辑工作，保罗·里夫斯（Paul Reeves）的有力论证，以及莫娜·阿尔塞比埃（Mona Alsubaei）的敏捷反馈和在书籍完成上的重要贡献，还有马克斯·罗泽以及 Our World in Data 项目团队提供的数据收集和展示工作。

THE WORLD
AFTER CAPITAL

附 录

　　本附录旨在提供额外的数据和论据，以证明资本的充足性，即我们目前有足够的资本来满足每个人的需求。这里需要再次明确，我们所说的资本特指物质资本，如机器和基础设施。正是这些物质资本生产出了满足我们需求的各类物品，例如衣服和建筑物。

　　本附录分为三个部分。第一部分呈现了全球资本发展的一些总体数据，展示了过去100年里取得的巨大增长。第二部分主要是利用第二次世界大战的数据来说明，当有足够的政治意愿将资本重新导向特定目标时，人类可以取得怎样的成就。换句话说，今天大部分可用资本被用于满足人们的欲望，这意味着我们有很大的空间来满足基本需求。最后，第三部分深入探讨了每种具体的需求。

资本的增长

　　事实证明，要找到关于物质资本的全球数据出奇地困难。我能找到的最佳来源是世界银行,它发布了一系列关于总资本形成(gross capital formation)的数据(世界银行,2020)。虽然这些数据仅能追溯到 1970 年,但它仍然显示出从约 5 万亿美元增加到 2019 年的 22 万亿美元的显著增长(见图附-1,这是以 2010 年美元的购买力水平计算的,即经通货膨胀水平调整后的数值)。

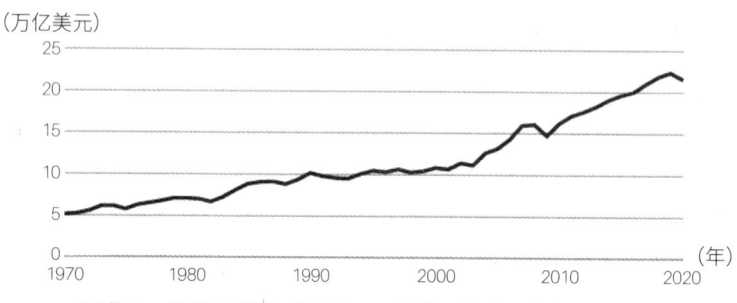

图附-1 总资本形成(以 2010 年美元的购买力水平计算)

资料来源:世界银行,2020。

为了验证这一趋势,我们可以考察一些对生产能力有要求的产品产量的增长。通过产量数据,我们可以推断物质资本是否充足可用。为此,我找到了以下展示全球钢铁产量随时间变化的图(见图附-2)(Morfeldt,2017)。

与总资本相比,从 1970 年到今天,全球钢铁产量只增长了约两倍。但需要注意的是,在这段时期内,我们已经开发出了许多除钢铁之外的材料来制造物品,如铝和塑料。更重要的是,这张图让我们可以比较当前的钢铁产量与第二次世界大战时期的钢铁产量,总产量增长了 15 倍左右,超过了一个数量级。

(百万吨)

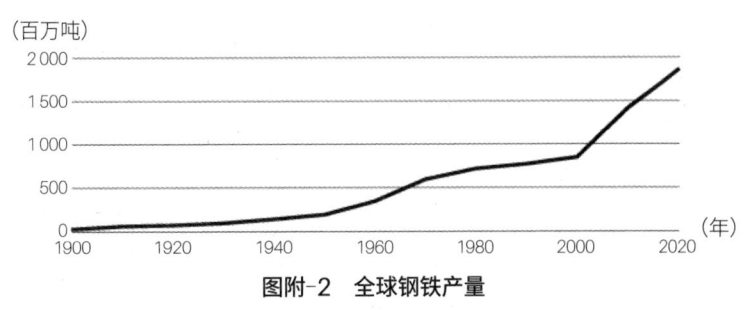

图附-2　全球钢铁产量

资料来源：International Iron and Steel Institute 1991，2001；Worldsteel Committee on Economic Studies，2011；World Steel Association，2021。

那么成品生产呢？这也是反映可用总物质资本数量的一个很好的指标。一个典型的例子是全球汽车生产。下面这张图（见图附-3）显示了汽车产量随时间的变化，可以追溯到该行业的最早期。

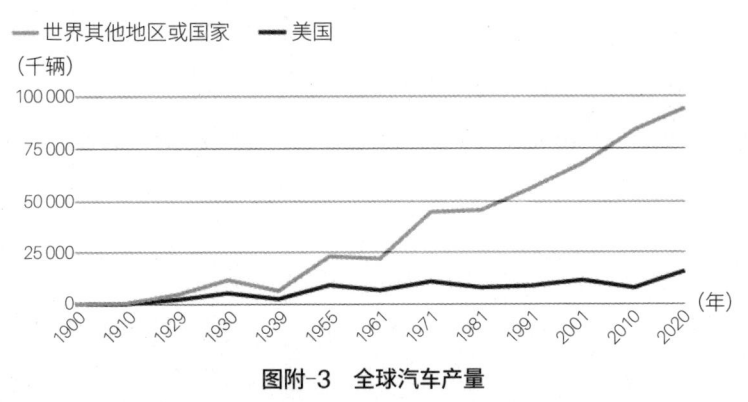

图附-3　全球汽车产量

资料来源：Charnber of Commerce of the United States，1973；Bureau of Transportation Statistics，2017。

再看这张图，我们可以发现，与 20 世纪 70 年代相比，汽车产量大约增加了两倍；如果追溯到更早的时期，汽车产量增长甚至超过了 10 倍。这张图中有一个值得注意的重要特征：在 20 世纪 40 年代中期，也就是第二次世界大战期间，汽车产量出现了接近于零的急剧下降。

下面是一个生动的例子（见图附-4），展示了强大的生产能力带来的可能性。1984 年，第一款商用手持移动电话摩托罗拉 DynaTAC 8000x 问世（"Motorola DynaTAC," 2021）。从那时起，移动电话的普及程度呈现出惊人的增长，以下是根据活跃用户数统计的数据（Statista，2020）。

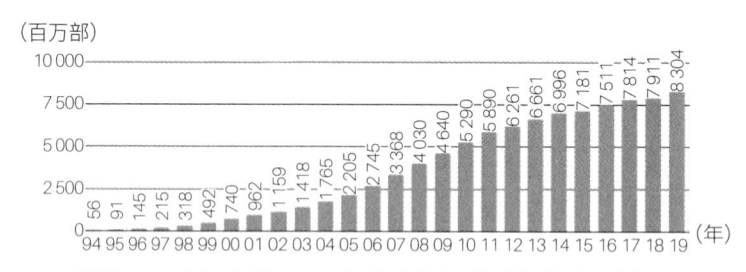

图附-4　1994 年至 2019 年全球移动（蜂窝）电话用户数量

资料来源：Statista，2020。

在短短 30 年间，我们从几乎没有移动电话，发展到拥有的移动电话数量超过了全球人口总数。这让人不禁想起威廉·吉布森（William Gibson）的一句名言："未来已来，只是尚未均匀分布。"确实，许多人同时拥有工作和个人用的两部手机，而有些人则一部都没有。

这里还有一个与气候危机密切相关的例子（见图附-5）：太阳能电池板的生产速度（Statista，2021a）。

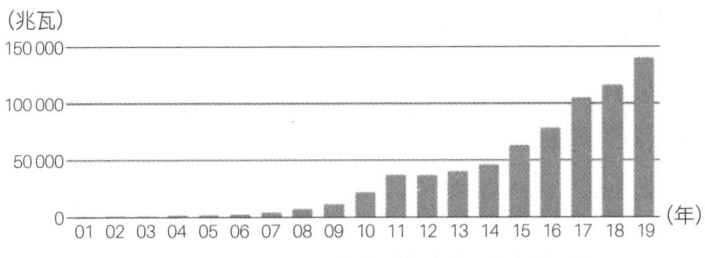

(兆瓦)
150 000
100 000
50 000
0
01 02 03 04 05 06 07 08 09 10 11 12 13 14 15 16 17 18 19 (年)

图附-5　2001—2019年全球年度太阳能板生产量

资料来源：Statista，2021a。

在短短15年多的时间里，我们从几乎不生产太阳能电池板，发展到年产量达到150千兆瓦，呈现出快速增长的趋势。然而，关键是，目前我们只将一小部分生产能力用于了制造太阳能电池板。为什么这么说？因为我们还没有采取应对气候危机所需的果断措施。要真正解决气候问题，我们最终需要调动的资本规模可能要达到第二次世界大战时期的水平。

第二次世界大战期间的资本配置

前面提供了一些关于过去100年物质资本增长情况的数据。当用某些指标衡量时，如钢铁产量，可表明过去100年里资本增长了约30倍，如果再往前追溯20年到1900年，则增长了近100倍。我们还看到，自第二次世界大战以来物质资本发生了显著增长，粗略估计至少增长了10倍。

有些人可能会认为这种增长要全部归因于人口爆炸，但事实并非如此。在同一时期，全球人口增长要少得多：从1900年到今天，人口数量增长不到 5 倍，从第二次世界大战结束到今天，人口数量仅增长了 3 倍多一点。换句话说，物质资本的增长远远超过了人口增长（数据来源：Our World in Data，2019）。

其他人可能仍然会质疑这些资本是否足以满足每个人的需求，正如我所断言的那样。支持我这一说法的一些有力证据来自第二次世界大战期间的情况。在战争期间，美国政府在 GDP 中所占的份额上升到近 50%（Casais，2010）。

让我们深入了解一下制造业的情况。美国在战争年代以惊人的速度增加了坦克、飞机、战舰和枪支的生产。表附-1 中列出了不同武器系统的生产数据（Harrison，1998）。

表附-1

年份	1939	1940	1941	1942	1943	1944	1945	总计
美国所用月数（个）	–	–	1	12	12	12	8	45
数千支步枪、卡宾枪	–	–	38	1 542.00	5 683.00	3 489.00	1 578.00	12 330.00
自动手枪	–	–	42	651	686	348	207	1 934.00
机关枪	–	–	20	662	830	799	303	2 641.00
其他类型枪械	–	–	3	188	221	103	34	549
迫击炮	–	–	0.4	11	25.8	24.8	40.1	102.1
坦克和火炮	–	–	0.9	27	38.5	20.5	12.6	99.5
战机	–	–	1.4	24.9	54.1	74.1	37.5	192
海军舰艇	–	–	544	1 854.00	2 654.00	2 247.00	1 513.00	8 812.00
每年总计	0	0	649.7	4 959.90	10 192.40	7 105.40	3 725.20	26 632.60
英国所用月数（个）	4	12	12	12	12	12	8	72
数千支步枪、卡宾枪	18	81	79	595	910	547	227	2 457.00
自动手枪	–	–	6	1 438.00	1 572.00	672	231	3 919.00

附　录

续表

年份	1939	1940	1941	1942	1943	1944	1945	总计
机关枪	19	102	193	284	201	125	15	939
其他类型枪械	1	10	33	106	118	93	28	389
迫击炮	1.3	7.6	21.7	29.2	17.1	19	5	100.9
坦克和火炮	0.3	1.4	4.8	8.6	7.5	4.6	2.1	29.3
战机	1.3	8.6	13.2	17.7	21.2	22.7	9.9	94.6
海军舰艇	57	148	236	239	224	188	64	1 156.00
每年总计	97.9	358.6	586.7	2 717.5	3 070.8	1 671.3	582	9 084.80
苏联所用月数（个）	–	–	6	12	12	12	8	50
数千支步枪、卡宾枪	–	–	1 567.00	4 049.00	3 436.00	2 450.00	637	12 139.00
自动手枪	–	–	90	1 506.00	2 024.00	1 971.00	583	6 174.00
机关枪	–	–	106	356	459	439	156	1 516.00
其他类型枪械	–	–	30	127	130	122	72	481
迫击炮	–	–	42.3	230	69.4	7.1	3	351.8
坦克和火炮	–	–	4.8	24.4	24.1	29	20.5	102.8
战机	–	–	8.2	21.7	29.9	33.2	19.1	112.1
海军舰艇	–	33	62	19	13	23	11	161
每年总计	0	33	1 910.30	6 333.10	6 185.40	5 074.30	1 501.6	21 037.70

注：表中生产数据单位为千。

这里的数字令人震惊。例如，1943年美国建造了2 654艘主要海军舰艇。这相当于每天生产超过7艘，或者平均每3.5小时就生产一艘！1944年，美国建造了超过74 000架作战飞机，这相当于每小时制造约8.5架。

我们谈论的不是简单的设备。这些是复杂的高性能系统，包含许多组件（仅飞机引擎就已经非常复杂了）。而这仅仅是美国的生产情况。德国、日本、英国和苏联的生产规模也类似。例如，1944年所有国家的作战飞机总产量达到 185 000 架，相当于每小时生产 21 架。

在进行所有这些生产时，美国人的基本生活并未受到严重影响，有足够的食物和衣服，总体上生活质量非常好（Henderson，2015）。但正如我们之前看到的，汽车的生产量大幅下降，那么在这段时间里人们的交通需求是如何满足的呢？答案是通过大规模增加公共交通（Fetherston et al.，n.d.）。政府明确地将这一联系表达出来，发布了诸如"独自开车就是在帮助希特勒"这样的广告（美国国家档案和记录管理局，n.d.）。这完美地说明了将需求（交通）与其解决方案（个人出行与共享出行）分开的重要性。

在重新配置一半或更多的物质资本的同时，仍然能够满足人们的基本需求，这强有力地支持了资本充足的说法。粗略估计，这些资本中的大部分以前用于满足人们的欲望。第二次世界大战后，它又恢复了之前的状态，这部分解释了战后年代巨大的经济繁荣。

所有这些都是为了说明，在如今的经济状况下，今天的资本比第二次世界大战期间至少多出一个数量级的资本，可以轻松满足我们的基本需求。更重要的是，这也意味着我们有大量额外的能力可以用于解决气候危机。例如，我们可以大幅增加太阳能电池板、核反应堆及热泵的产量。

但从第二次世界大战期间生产发生的变化中还可以得到更多启示。这不仅仅是人类集体快速制造了大量复杂的产品。我们还在极短的时间内进行了创新。曼哈顿计划（美国开发原子弹的秘密项目）是最明显的例子，他们在三年的时间里开发出了核弹。这项努力的广泛程度难以想象，包括开采铀矿以及对几种不同设计方案的探索。

在第二次世界大战期间，许多重要的技术要么被发明出来，要么得到了显著的改进（Dickson，2016）。例如，在战争开始时，雷达还是一项新生技术。到战争后期，通过发明腔磁管（cavity magnetron），盟军成功发明了足够小巧轻便可以安装在飞机上的雷达（"Cavity Magnetron"，2021）。青霉素于1928年被发现，但直到第二次世界大战期间作为一项秘密项目解锁了大规模生产，才得到广泛应用（"Penicillin"，2021）。

大规模生产和部署也推动了重要的技术改进。以战斗机为例，早期型号的航程有限，这意味着轰炸机要在没有护航的情况下飞入敌方领空。它们唯一的防御手段是飞机上安装的机枪。后来随着战争的进行，人们才开发出了具有足够航程的护航战斗机来为轰炸机保驾护航（"Escort Fighter"，2021）。这是通过技术进步（如更强大的发动机）和从战斗中获得的经验相结合而实现的。

那么关键的启示是什么？第一，在和平时期，大部分资本被用于满足人们的欲望，而不是满足基本需求。第二，当转入战时状态时，大部分生产资本可以迅速重新定向，以实现不同于满足基本需求的特定目标。即使在人均物质资本远低于今天的情况下，这一点也已经得到证明。第三，通过将资源集中在关键问题上，创新实际上可以大大加速。

我们今天面临的最大威胁中，需要大规模重新分配和改善资本分配的是气候危机。能否应对这一挑战完全取决于我们选择关注什么。因此，我们这个时代真正稀缺的资源是注意力，而不是资本。

满足人类的需求

前文提供的总体物质资本统计数据忽略了地区间的差异。对第二次世界大战的研究表明，美国能够用少量可用资本满足人们的需求，但这显然并不适用于其他地方。特别是在实际战区，大量物质资本遭到破坏，导致人们的需求无法得到满足。在接下来的讨论中，我们将再次看到，某些地方的资本仍然不够充足。考虑到现有的总物质资本的数量，这实际上是一个分配问题（本质上是注意力稀缺问题）。化用威廉·吉布森的一句名言来说——资本已经足够了，只是还没有均匀分布。

此外，我要说明的是，我提供的是统计数据、逸事和论点的综合。我的目标并不是提出一个无懈可击的论据来证明资本是充足的。即使有更多的时间，考虑到世界上大部分资本的统计数据有限，我也怀疑这能否实现。顺便说一下，我相信未来人类会惊讶地回顾现在这种数据匮乏的状况，就像我们有时会好奇在没有手机之前人们是如何生活的。值得庆幸的是，马克斯·罗泽（Max Roser）、汉纳·里奇（Hannah Ritchie）和 Our World in Data 团队的其他成员正开始在这方面取得进展。相反，我只是想提出一个足够有说服力的论点，以支持注意力现已成为人类社会关键稀缺资源的观点。

在下文中，"需求"部分的内容将以黑体显示，随后是对资本充足性的分析。我的分析涵盖个人和集体需求，以及我称之为促成因素（enablers）的内容（例如，能源）。在此过程中，我还将指出，我们对气候危机和其他问题的忽视可能导致资本在未来再次变得稀缺。

- **氧气：** 平均而言，人类每天需要约 550 升（约 0.55 立方米）的氧气（"一个人一天消耗多少氧气？"2000），具体取决于个人体型和体力消耗。我们满足这一需求最常见的方式是呼吸空气。虽然这听起来显而易见，但通过科技我们也开发了其他解决方案、例如，我们可以在体外使呼吸困难患者的血液进行氧合。

地球大气中并不缺乏氧气。纵观整个工业化进程，真正的问题一直是空气污染。例如，1952 年伦敦发生的"烟雾事件"在不到一周的时间内就导致了 4 000 人死亡（英格兰雾霾导致数千人死亡，2020）。近年来，印度和其他地区的一些城市正发生着类似程度的空气污染。这无疑可以被视为局部资本不足的典型例子。在较发达国家，清洁空气法案的颁布强制要求车主安装催化转化器（一种能将汽车尾气中的有害物质转化为无害物质的装置），采取从煤炭供暖转向天然气供暖等措施，在很大程度上解决了这一问题。这些相同甚至更先进的技术（如电动汽车）可以在全球范围内推广应用。中国已经在这个方向上采取了关键步骤，海南省设定了到 2030 年所有新增和替换车辆必须实现零排放的目标（Xue，2019）。

然而，我们不应该将地球的大气的存在视为理所当然。今天可满足我们的呼吸需求的大气的存在和维持是多种现象共同作用的结果。例如，地球的磁场保护着我们免受太阳风的侵袭，否则太阳风会撕裂大气层的大部分（"太阳风"，2021）。磁场的减弱甚至消失正是那种小概率但影响巨大的长尾"黑天鹅"（Black Swan）事件，而我们对此类事件的关注还远远不够。这里的"长尾"指的是这类事件虽然发生概率低，但一旦发生，影响将是灾难性的。

- **水：** 根据体型、运动量和温度等因素，每人每天需要喝两到三升水来保持身体水分。除了直接喝水和其他含水饮料外，我们还可以从食物中摄取水分。

与氧气一样，地球上并不缺水。真正的挑战在于获取可饮用的水，也就是足够清洁且已脱盐的水。在这一点上，我们可以看到早期发展阶段资本不足的情况。伦敦是说明这一点的一个很好的例子：由于水井没有与污水分离，霍乱经常暴发。约翰·斯诺（John Snow）在1854年霍乱爆发期间绘制了一份详细的地图，记录了这种联系。这帮助推翻了此前的霍乱"瘴气"理论，最终促使伦敦建立了一个复杂的供水基础设施（"1854 Broad Street Cholera Outbreak"，2021）。

一个更近期的例子是密歇根州弗林特的水危机事件，那里老旧管道中的铅导致了饮用水被污染（"弗林特水危机"，2021）。由此我们可以看到，资本在这方面是如何缺乏的，在世界某些地方，现在仍然存在资本不足的情况。这并非由于缺乏技术或资金，而是因为对清洁水供应关注不够。世界银行估计，每年只需约280亿美元就可以为全世界人口提供基本的供水、卫生设施和卫生条件，而要使这些服务持续可用，则需要约1 140亿美元（Hutton, 2016）。这些少得令人震惊的数字表明，所需投入的物质资本其实并不多。

清洁饮用水是市场机制失灵的典型问题，因此需要通过其他方式来引起重视（例如，通过选举组成一个有能力的市政府）。

- **能量：** 为了满足身体的能量需求，成年人每天需要摄入 1 500 到 3 200 卡路里的热量（美国农业部和美国卫生与公众服务部，2015），我们主要通过饮食来满足这一需求。然而，令人惊讶的是，人们对获取热量的最佳方式仍然知之甚少——蛋白质、脂肪和碳水化合物之间的最佳比例仍然存在争议。

食用食物是满足我们热量需求的主要方式。这正是经济学家马尔萨斯预期会出现重大问题的地方。他认为农业产量无法跟上人口增长的步伐。但他没有预料到的重大突破是哈伯－博施固氮技术，这项技术通过人工方式将空气中的氮转化为肥料，推动了所谓的绿色革命（Green Revolution）。借助人工氮肥，农业产量得以飞速增长。

农业的另一个重大进步是机械化。如今在美国，只有 1.3% 的就业人口从事农业，整个食品供应系统的价值为 1.1 万亿美元，仅占 GDP 总额的 5%（Lepley, 2019; USDA, n.d.）。即使在印度等发展中国家，从事农业的人口比例也在下降，这种下降得益于充足的资金投入和技术设备的应用（Shrinivasan, 2013）。

显然，并非每个人都能获得足够的热量来满足他们的需求。例如，由于持续的战争，也门目前正遭受饥荒的蹂躏。然而，总的来说，自 20 世纪 70 年代以来，由饥荒导致的死亡人数已降至历史最低水平（Hasell, 2013）。甚至在那之前，正如诺贝尔经济学奖得主阿马蒂亚·森（Amartya Sen）和其他学者所记录的那样，许多饥荒是由于食物分配失败造成的，而不是食物绝对数量太少导致的（有例子显示，港口有大量腐烂的食物，而附近的人却在挨饿）。

然而，在这个问题上我们也不能自满。人类满足每个人热量需求的能力面临的最大威胁是气候危机，它正在破坏农业所依赖的相对稳定的天气模式。到目前为止，我们只在局部和区域范围内经历过作物歉收。如果全球发生大规模的作物歉收，将导致严重的饥荒，因为我们的粮食库存非常有限。

- **营养素：** 人体无法合成所有所需的物质，包括某些特定的脂肪酸、氨基酸以及少量维生素和矿物质——这些被称为"必需营养素"，必须通过我们的饮食摄入获得。这是另一个令人惊讶的认知不足的领域，科学界对于我们需要摄入的营养素组合尚未达成共识。

营养素虽然重要，但所需的量相对较小。例如，α-亚麻酸（ALA）的每日推荐摄入量在 0.5 ～ 1.6 克（美国国家卫生研究院，2021）。在必需营养素中，必需氨基酸的需求量相对较大，以亮氨酸为例，成年人可能每天需要约 7 克（Appleby, 2018）。至于矿物质和维生素，人们所需的量更少。这些大多以毫克和微克计量，只有钙、氯化物和钠例外，每种需要几克（Romine, 2019）。

由于科学和工程技术的进步，生产所有这些必需营养素的成本和所需资本随着时间的推移已大幅下降。例如，我们最近已经成功培育出含有更多维生素 A 的大米，被称为"黄金大米"（Dubock, 2019）。全球超过一半的人口每天食用大米，因此通过大米获取足够的维生素 A 是确保这种必需营养素充足可用的一个重要方式。

虽然目前资本不再是主要的限制因素，但正如黄金大米的例子所示，持续创新仍然很重要。这可以更好地满足每个人的营养需求，而不仅仅是那些能够负担得起各种营养补充剂的人。此外，我们还需要进一步研究，以确定人类真正需要哪些营养素以及需要多少剂量，才能保持健康并延长寿命。

- **排泄：**我们的身体还需要通过排泄消化后的食物、散热和呼出二氧化碳来排出体内废物。人类在满足排出需求方面取得了巨大进展，例如发明了厕所和建立了公共卫生系统。

建设公共卫生系统是提高人口预期寿命的主要贡献因素之一。正如史蒂文·约翰逊（Steven Johnson）在他的著作《幽灵地图》（*The Ghost Map*）和《额外的生命》（*Extra Life*）中所记录的，伦敦市曾多次暴发霍乱，直到将污水系统与淡水供应系统分开后才得到控制。早在 19 世纪中期，伦敦就已经拥有足够的资金来建造大规模的下水道系统（"London Sewerage System," 2021）。

如今，在许多国家，我们对卫生系统已经习以为常，但世界上仍有一些地方缺乏足够的污水处理能力。全球范围内，缺少卫生设施的人数一直在下降，尽管下降速度缓慢（Ritchie & Roser, 2021）。这主要是因为缺乏卫生设施的问题主要存在于人口增长最快的地区。目前，全球约三分之二的人口可以使用卫生设施，而且在过去几十年里，能够使用卫生设施的人口总数增加了几十亿。这一进展得以实现，是因为所需的总体资金相对较少，而且随着技术的进步，成本还在继续下降（García, 2009）。

卫生设施提供了另一个例子，可用于说明不关注正确问题将会如何使我们满足人类需求的能力面临风险。就拿纽约市来说，由于雨水径流系统容量不足，在大雨倾盆时，未经处理的污水会溢入东河和哈德逊河（Chaisson, 2017）。随着气候危机加剧，这种大雨发生的概率正在迅速增加（Climate Central, 2019）。

- **温度：**人体具有自我调节体温的能力，但这种能力仅在特定的环境温度和湿度范围内有效。超出这个范围，人类就容易因严寒或酷热而丧生［我们通过出汗来降温，这种方式也被称为"蒸发冷却"（evaporative cooling），但在过热、潮湿的环境中会失效］。因此，我们常常需要通过控制环境来辅助身体调节温度。常见的温度调节策略包括穿衣、寻找庇护所、使用暖气和空调。

从资本角度来看，我们早已有能力为全世界的人提供足够的衣物。这个问题实际上是分配问题。一些人缺乏经济能力，或者因为无家可归等原因难以获得和洗护足够的衣物。与此相反，许多发达经济体的人们拥有大量闲置衣物，而所谓的快时尚产业则通过推动快速的风格变化，吸引人们做出大量额外的消费。

那么住所呢？这是一个更为复杂的问题，需要投入更多的资本。但是，现有证据表明，我们拥有足够的物质资本来解决这个问题。例如，据估计，2015 年全球已有超过 2 200 亿平方米的建筑面积（UNEP & GABC, 2017）。这相当于每人 30 平方米。虽然其中一部分是商业和工业用地，但这个数字仍然表明，从总量上看，我们有能力为每个人提供住所。更令人瞩目的是建筑面积增加的速度。同一报告预测，到

2030 年，全球建筑面积将超过 3 000 亿平方米。还有许多间接证据支持这一结论。特别是在世界各地，包括美国和中东等地的建设热潮，造成了局部住房供过于求的现象。例如，在某国建设热潮的巅峰时期，每年新增的住房足以容纳相当于两个 1 000 万人口城市的居民（Slotta, 2020）。

然而，气候危机是我们为每个人提供住所的最大威胁。仅在美国，根据最近更新的联邦制图工作结果，就有近 1 500 万套住房面临洪水威胁（Kaufman et al., 2020）。这还不包括受森林火灾威胁的房屋。从长远来看，海平面上升将使世界各地的大片沿海地区变得不适合居住。我们现在已经开始经历重大的气候难民迁移。仅 2020 年一年，全球就估计有 3 000 万人因风暴和洪水而流离失所（Global Migration Data Portal, 2021）。预测显示，到 2050 年，可能有多达 10 亿人需要在新的地方寻求庇护（Kamal, 2017）。

那么，我们能否按需对所有这些空间进行加热和冷却呢？由于正在加剧的气候危机导致全球制冷需求增加，这方面的资本需求正在迅速上升。这不仅关乎舒适度，而且事关生存。在炎热潮湿的环境中，人体通过出汗进行降温的机制会失效，这可能导致致命的中暑。这种情况现在在世界许多地方已经成为常态，甚至像欧洲这样的北方地区也受到了影响，2019 年的欧洲热浪就是一个例子（"2019 European Heat Waves," 2021）。

截至 2020 年，全球估计有 19 亿台空调设备，每年新增约 1.1 亿台（Armstrong, 2020; Holst, 2020）。在这个问题上，主要的制约因素不是资本，而是为所有这些新设备提供电力的能力。这个问题还将因为需要将供暖从化石燃料转向电力而变得更加复杂。我们将在后面的能源部分详细讨论这个限制因素。

- **压力**：任何有过潜水经验的人都知道，人类的身体对不断增大的压力的适应能力并不理想。同样，压力减少也会对我们造成影响，这也是为什么我们觉得乘坐飞机旅行如此疲惫的原因之一（飞机舱内维持的压力相当于在海拔约2 400米的山顶上）。

幸运的是，我们只需要最少的投入就能满足人类的压力需求。乍一看，人们可能会认为我们根本不需要任何投入，但事实并非如此。例如，几乎所有的商业航班都在需要增压舱高度的高空飞行，因此需要额外的投入，超出了非增压飞机所需的成本。比如，在仅12公里的高度，压力就会下降到0.2巴（"Cabin Pressurization," 2021）。在如此低的压力下，不仅仅是缺氧会致命，还可能发生减压病（decompression sickness），血液中溶解的气体可能会析出，导致疾病甚至死亡。

如前所述，我们不能认为地球大气层的存在是理所当然的。因此，除了考虑如何在我们未来可能想要定居的火星等行星上创造宜居的大气层，我们还需要密切关注可能损害甚至破坏地球大气层的各种因素。

- **光**：大多数人在完全黑暗的环境下很难完成多少事情。长期以来，我们对光的需求主要依靠阳光来满足，但人类在创造人工光源方面投入了大量的智慧。

制造人工光源的能力是人类的伟大成就之一，同时也是一个不断进步的故事。我们是唯一掌握制造火的知识的物种，在希腊神话中，这种能力被归因于普罗米修斯，他从众神那里偷来了火。

从最早的收集木材到现代创造发光二极管（LEDs），资本在制造光源的过程中始终扮演着至关重要的角色。这种进步使得在世界大部分地区，光变得极其便宜，消费也相应增加（例如，英国的相关消费在过去 200 年里增加了一万倍）（Roser, 2013）。即使在缺乏电力基础设施的极度贫困的国家，所谓的"离网太阳能"（即不依赖电网的独立太阳能系统）也正在彻底改变人们获得光的方式，取代了燃烧煤油和其他危险燃料的做法。总之，就人类对光的需求而言，我们完全不受资本的限制。

- **疗愈：** 每当我们的身体受到伤害时，就需要进行治疗。人体本身就具备了复杂的自我修复系统，但当损伤超出一定程度时，就需要外部帮助。为此，我们开发了许多解决方案，这些通常被归类为医疗保健措施。

长期以来，制约治疗效果的主要因素是知识，而非资金。史蒂文·约翰逊在其著作《额外的生命》中记录道，在很长一段时间里，由于医生对治疗知识缺乏足够了解，医疗干预往往会导致更糟糕的结果（Johnson，2021）。

相比之下，如今我们已经能够在极短时间内开发出新的救命药物，COVID-19 mRNA 疫苗就是一个很好的例子。这些疫苗的生产成本其实很低，供应受到的限制主要来自知识产权保护等人为因素，而非资金短缺。

重要的是，我们要认识到，当前许多治疗需求其实可以通过更健康的生活方式来预防。如前所述，虽然我们对营养学的了解还不够全面，但我们确实知道肥胖会显著增加健康风险。然而，人口肥胖率却在不断上升，尤其是在美国。同样，我们知道压力会对健康产生负面影响，但由于经济不安全感以及容易引发压力的网络内容激增等原因，许多人的压力水平反而上升了。总的来说，目前医疗费用中的大部分用于了治疗糖尿病等慢性病（CDC，未注明日期）。

尽管如此，我们仍然可以通过预期寿命的延长来衡量人类在治疗能力上取得的巨大进步（Roser，2019）。历史数据显示，1800 年全球的人口预期寿命普遍低于 40 岁。到 2015 年，许多地区的人口预期寿命已经超过 70 岁，有些地方甚至超过 80 岁。即使是在发展相对滞后的非洲，许多国家的人口预期寿命也达到了 60 多岁。

当然，这并不意味着我们不会面临重大挫折。新冠疫情就让我们看到了可能的逆转情景。此外，美国由于安妮·凯斯（Anne Case）和安格斯·迪顿（Angus Deaton）称之为"绝望之死"（指因绝望而导致的自杀、药物滥用等死亡）的现象，导致预期寿命下降，这种现象影响了许多群体，但对中年白人男性的影响尤为显著（Case & Deaton，2021）。气候危机在其中依然是重大威胁因素之一，从热浪到农作物歉收导致的死亡都有可能抵消我们在提高预期寿命方面取得的许多进展。

- **学习**：我们出生时几乎一无所知——需要学习基本技能，如走路和使用最简单的工具。面对新情况时，我们必须学会如何应对。我们将许多满足学习需求的策略归类为"教育"，但其他方法还包括通过实践获得经验、自学以及父

附 录

母的言传身教。

在让全世界每个人都能获得学习机会方面，我们已经取得了巨大进步。识字能力是学习的关键推动力，而这一能力在过去 200 年里显著提高。19 世纪初，全球人口识字率不到 20%（Our World in Data，未注明日期）。如今，这一比例已接近 90%。

重要的是要认识到，传统学校只是满足学习需求的一种方式。这种方式需要投入大量资金来建造校舍。事实上，我们还有许多其他选择，如非传统教育（unschooling）、家庭教育和社区学校。

现在，几乎所有的知识都可以通过智能手机获取。全球智能手机普及率接近 80%（O'Dea，2021）。即使在相对贫穷的国家，智能手机也变得越来越普及。例如，在印度，人们可以用 7 000 卢比（约 100 美元）购买一部新的安卓手机，到 2020 年，印度的智能手机普及率已达到 42%（Mobile Price List In India，未注明日期；Statista，2021）。

声称任何知识都可以通过智能手机学习可能听起来有些夸张。但关于"低干预教育"（Minimally Invasive Education）和"非传统教育"（Unschooling）的研究表明，只要给予适当的机会，儿童就会有学习的欲望，并且能够在很大程度上独立学习（"Minimally Invasive Education"，2021；"Unschooling"，2021）。甚至一些著名科学家，特别是爱因斯坦和法拉第，早期就进行了大量独立学习，其中，法拉第几乎没有接受过正式教育（"Albert Einstein"，2021；"Michael Faraday"，2021）。

- **意义感：** 作为人类，我们在生活中有一种寻求意义的深层心理需求。满足这种需求的一个方法是拥有人生目标。长期以来，宗教信仰和融入社区一直是人类寻找人生目标的重要途径。另一个关键策略来自我们与他人的互动，包括得到他人对我们的贡献的认可，甚至仅仅是对我们存在的承认。

正如正文所述，满足对意义的需求基本上不需要资本投入。意义可以来自故事、信仰、认可和许多其他源泉，这些都不需要实质性的资本投入。在人类发明书面语言之前，这些形式就已经以传统的口头方式长期存在了。

- **繁衍：** 虽然个体可以在没有性行为的情况下生存，但繁衍却是整个社会延续的必要条件。我们已经掌握了无性繁殖的方法。在未来，无论是在地球上还是在其他地方，人类社会的延续可能会有多种不同的解决方案。

从历史角度来看，繁衍本不需要任何资本投入。然而，这种情况出现了一个具有讽刺意味的转折：在世界许多地方，男性精子质量（包括数量和活力）正在下降（很可能是由于许多人工产品中含有内分泌系统干扰物）（Chiu, 2021）。因此，我们最终可能需要借助技术手段来进行繁衍。从长远来看，这些技术可能还会涉及人造子宫的开发，这在动物身上已经实现了（Becker, 2017）。

- **分配：** 物理资源的使用需要分配。让我们以一把椅子为例。通常情况下，一把椅子一次只能舒适地容纳一个人——当有多人时，我们就需要一种方法来分配这把椅子的使用权。如果你是独自一人，你可以随时坐在椅子上。但在群体中，分配就成了一种必要。

资源越稀缺，分配的需求就越迫切。 例如，在 COVID 疫苗生产的初期，由于剂量有限，如何分配这些稀缺的疫苗引发了激烈的争论。随着技术的不断进步，我们可以设想一个分配需求大大减少的世界，在那里我们可以随时随地按需生产更多的物品。然而，我认为在物质世界真正实现资源丰富还有很长的路要走。即使在《星际迷航》这样的科幻作品中，尽管里面描述了一个被广泛视为拥有复制器等先进技术的、资源丰富的虚构世界，其中仍然存在分配问题，比如舰长必须决定是将能量分配给防护罩、武器系统还是推进器。我们很容易想到其他仍然需要分配机制的例子，比如去卢浮宫参观《蒙娜丽莎》的真迹——任何时候能进入展厅的人数都是有限的。在更极端的情况下，有人可能会争辩说，未来可能会出现类似《黑客帝国》（Matrix）的体验，让你以为自己身在卢浮宫欣赏《蒙娜丽莎》，实际上却从未离开过家。虽然理论上这是可能的，但我认为这样的技术还远未实现。

表面上看，资本似乎与解决分配需求关系不大，但从历史角度来看，我们在这方面确实受到了资本的限制。分配解决方案的两个关键组成部分是通信和运输。以 COVID 疫苗接种为例，要分配有限数量的疫苗，需要知道哪些人应该优先接种，以及如何将疫苗送到他们那里（或将他们送到疫苗接种点）。这两个子问题都需要资本投入。特别是因为 COVID 疫苗需要在低温下保存，这就需要所谓的"冷链"运输——能够在整个运输过程中使疫苗保持低温的物流解决方案。我们在通信方面的进展将在后面关于动机、协调和知识的部分中进一步讨论。至于运输，考虑到每天都有大量物品（其中大部分是为了满足欲望而非基本需求）被运送，我们可以说在这方面并不存在真正的限制。

- **激励**：这看似是一种个人需求，但从社会必须激励其成员执行重要任务和遵守规则的角度来看，它实际上是一种集体需求。即使是最小规模和技术最不发达的社会也有一些解决这个问题的方法，通常表现为奖励和惩罚两种形式。

乍看之下，似乎资本从未在满足激励需求中扮演重要角色。然而，进一步分析后我们发现，通信基础设施对于维持远距离的激励至关重要。这部分解释了为什么在工业时代和通信网络部署之前，激励结构仅局限于本地。早期成功的大规模激励努力，如罗马帝国，采取的措施是大量投资于道路和（或）信使网络。如今，通信网络以零边际成本（即增加一个用户的成本几乎为零）运作，我们在全球范围内的满足激励需求方面不再受到资本的限制。

现在，有人可能会争辩说，金融资本，例如支付奖金的形式，是激励的关键。我们当然不受金融资本缺乏的限制，我们甚至可以通过加密货币实质上创造新的金融资本。尽管如此，值得指出的是，所谓的"高强度"激励是一种非常狭隘的激励形式，需要精确的测量以避免只关注数量而忽略了质量。这可以从许多在缺乏内容质量评级系统的情况下试图通过支付来激励内容创作的失败尝试中清楚地看出。

大多数时候，释放内在动机并辅以"低强度"激励（如认可和声誉）是一种更好的方法。例如，在科学领域，许多进展源自人们对解决特定问题的真正兴趣。维基百科就是一个很好的例子，展示了在一个仅建立在认可和声誉基础上的系统中可以产生多少高质量的内容创作（这并不是说不存在值得解决的问题，但商业出版商一次又一次地争辩说，维基百科会因失去动力而无法持续，然而事实并非如此）。

- **协调：** 有多人参与任何活动都需要协调。以两个人之间的简单会面为例。为了实现会面，两人需要在同一时间出现在同一地点。为了满足这一需求，我们已经开发了许多沟通和管理机制。

协调看似是一个抽象的概念，乍一看很难发现它曾经受到资源的限制。我们解决协调需求的主要方法之一是交流。再次以两人会面为例，这需要就地点和时间达成一致。在资源匮乏导致交流困难的时代，许多聚会（如宗教仪式）都是按照固定的时间表进行的。另一个常见的解决方案就是简单的等待。人们会到某个地方，然后等待轮到自己。

后一种解决方案很好地说明了我们只是在最近才拥有了足够的资源来实现高效协调。在互联网普及的地区，等待作为协调解决方案的情况正在迅速减少。例如，我们现在经常在线预约理发或订餐。如今，我们甚至有能力在全球范围内进行协调，而不再受到资源的限制。相反，我们现在大多数的协作问题都源于对优先事项的看法。在抗击新冠疫情方面就是如此，在应对气候危机方面也面临类似的挑战。

- **知识：** 正如我在之前关于乐观主义和人文主义的章节中所论述的那样，知识是人类社会最核心的集体需求：没有知识，社会将面临无法解决的问题。历史上有许多因缺乏足够知识而无法维系的社会例子，如复活节岛文明的衰落和玛雅文明的消失。这里所说的知识不是指个人所学，而是整个社会可以获取的知识体系。在本书后面的内容中，我们将探讨如何更快、更有效地产生新知识的方法。

早期知识的积累受到资本的严重限制，主要是因为人类还不知道如何制造便于书写和运输的材料。许多古代文明将文字刻在石头上，这不仅速度缓慢，还难以运输。随后，人类在记录材料方面有了一系列创新，如使用羊皮纸（动物皮）、莎草纸，最终发明了纸张。要了解早期这些先进材料有多么稀缺，我们可以看看所谓的"重写本"（palimpsest）。这是一种在已有文字的羊皮纸上再次书写的手稿，有时甚至会多次重复使用同一张羊皮纸（"重写本"，2021）。如今，借助数字技术来记录和传播知识，我们在知识创造、记录和传播这些关键环节上已不再受到资本的限制。

这并不意味着所有知识领域都不再受资本限制，但这样的情况已经很少见了。高能物理学就是一个例子。大型强子对撞机（LHC）是人类建造的最大科学研究装置，用于研究高能粒子碰撞时的现象，以揭示物质的本质构成（"大型强子对撞机"，2021）。目前还不清楚人类是否已经积累了足够的物质资本，或者是否有能力建造更强大的设备，来实现更高的能量水平，从而让我们更深入地探索宇宙的本质。

与此同时，值得注意的是，许多曾经受资本限制的研究领域现在已经不再如此，这要归功于计算能力的提升（允许模拟更复杂的系统）和实验室设备的进步，特别是在基因组信息的测序和组装方面。这些进步导致了细胞生物学知识的爆炸性增长，其中一个重要成果就是我们开发出了针对 COVID-19 的强大的新型 mRNA 疫苗。

附 录

- **能源：** 长期以来，人类主要依赖直接照射的阳光作为能源来源。从那时起，我们开发了许多生产能源的方法，包括更高效地捕获阳光的技术。通过捕获更多能源并以高度集中和易于控制的电力形式提供，我们为满足人类需求开辟了新的解决方案。

能源被证明是推动文明进步的关键因素。下文提到的其他推动因素，如资源，都直接受到我们可用能源数量的影响。正如戴维·多伊奇在《无穷的开始》(*The Beginning of Infinity*)中指出的，一个足够先进的文明，如果拥有充足的能源，甚至可以在看似空旷的太空中构建整个世界。

虽然距离实现这样的文明还有很长的路要走，但我们已经拥有充足的能源，更重要的是，只要足够重视，我们就有能力快速扩大能源供应。如今，各国的能源生产和消费差异显著，发达国家拥有的能源远超其实际需求。但即使在美国，我们偶尔也会遇到能源分配问题，最近得克萨斯州就出现了这种情况。

更值得关注的是，我们的全球能源生产严重依赖化石燃料。这无疑是导致气候危机的原因，需要我们严肃、迅速应对。那么，这是否意味着我们面临资本稀缺？并非如此。我们拥有大幅增加清洁能源供应所需的资本，缺少的只是进入战时生产模式的政治意愿。我们应该利用现有的大部分物质资本来扩大风能、太阳能、地热能和核能（以及储能）的规模。

为了说明这种可能性，我们可以看看法国在 20 世纪 70 年代和 80

年代部署核能的案例。法国在不到 20 年的时间里，从几乎没有核电发展到核电占比约 40%（Mearns，2013）。值得注意的是，这还是在和平时期实现的。现在想象一下，如果采用战时方法，我们能够做到什么。我相信，如果我们真正努力，大多数国家有可能在 10 年内甚至更短的时间内实现 100% 使用清洁能源。

似乎没有特别的理由可以阻止我们开发更先进的能源形式，首先就是核聚变。目前，至少有十几家资金充足的初创商业公司正在探索各种开发核聚变能源的方法，从长期存在的磁约束到最近的惯性约束（使用激光），甚至对曾备受质疑的"冷"聚变概念的研究也在继续。在 1989 年马丁·弗莱施曼（Martin Fleischmann）和斯坦利·庞斯（Stanley Pons）的原始论文遭遇可重复性危机后，相关研究仍在继续，尽管现在是以"凝聚态物理学"（Krivit & Ravnitzky，2016）的名义进行的。这些研究在持续提供有趣的观察结果，可能最终开发出一个巨大的能源来源。

- **资源：**在人类历史的早期，所有的资源都来自自然环境。随着时间的推移，人们开始自主种植和提取资源。许多现代解决方案之所以成为可能，正是因为人类获得了新型资源。例如，移动电话为个人和集体需求提供了创新性的解决方案，而它们的制造离不开一些特殊的原材料，包括所谓的"稀土元素"。

长期以来，人们一直担心资源短缺会阻碍我们满足需求的能力，这里的资源指的是原材料和中间材料。例如，目前有人担心磷元素可能会耗尽（Alewell et al., 2020）。然而，历史经验表明，这种担忧往往是多余的，原因有几个。首先，当某种资源变得稀缺昂贵时，我们通常能够发现新的资源来源。比如，尽管人们多次担心石油耗尽，但每次我们都能发现新的油田。其次，资源价格上涨往往会推动产品和工艺的创新，通过提高效率或寻找替代资源来减少对该资源的依赖。再次，当资源价格足够高时，回收利用就变得经济可行。例如，在美国，约有一半的铝制啤酒罐被回收再利用（EPA, 2021）。

从更宏观的角度来看，宇宙中的资源数量远超人类的需求。在可预见的未来，我们有望捕获富含金属的陨石。目前已有几家受风险投资支持的初创公司正在探索这一领域，同时像 SpaceX 这样的公司正在努力降低完成相关太空任务的发射成本。从长远来看，我们可能还能实现物质的转化。虽然我们现有的转化技术处在相对初级的阶段，但早在 1981 年，格伦·西博格（Gleen Seaborg）和他的同事就成功地将铋转化为了黄金（Aleklett et al., 1981）。

- **转化：** 能源和资源本身是不够的。要实现大多数解决方案，我们需要理解并掌握如何利用能源来转化资源。这个过程涉及化学和物理转变。机器等形式的物理资本一直是推动许多新型的满足人类需求的解决方案的关键因素。例如，一台编织机可以迅速将纱线编成衣物，而衣物是维持人类生存的重要解决方案之一。

人类最早采取的转化方案是制造狩猎武器，如通过磨尖木头或石头来制作箭和刀。随着时间的推移，我们掌握了金属制造技术，并开发了大量将资源组合和转化为日常使用材料的化学工艺。这些工艺中有许多都需要大量资本投入（资本密集型）。然而，在世界许多地区，人们在资本方面并未面临实质性的限制。一个典型的例子是近年来发达经济体中汽车尺寸的增大。这一趋势主要由运动型多用途 SUV 和所谓的跨界车（结合了轿车和 SUV 特点的车型）推动，自 2015 年以来，这些车型的销量已大大超过传统轿车（Motorlease，未注明日期）。由于体积更大，这些车辆需要使用更多的材料。类似的例子在其他领域也很常见，比如房屋面积的增大趋势。到 2014 年，美国新建房屋的平均面积已从 20 世纪 50 年代的约 90 平方米增加到约 250 平方米（与此同时，家庭平均规模却显著减小了）。换言之，这其中可能存在分配问题，但在材料制造方面并不存在整体性的资本限制。

值得注意的是，我们的许多制造工艺和流程仍然存在高度浪费的现象，即从一大块材料开始，然后通过切割或铣削去除多余部分。与此相反，我们现在开始看到增材制造（Additive Manufacturing，也称 3D 打印）技术的不断提升。这种方法的制造原理是，材料通过逐层沉积的方式形成所需的形状。

- **运输：** 最后一个关键的基础推动力是运输物资和转移人员的能力。这是人类取得巨大进步的另一个领域，相关技术从人力交通发展到畜力交通，再到机械动力交通。

长期以来，人类的交通运输能力受到资金和技术的限制，在世界某些地方至今仍是如此。没有外力帮助，我们的移动速度相当缓慢（与许多其他动物相比更是如此），也无法跨越面积较大的水域。因此，不出所料，早期人类的许多技术创新都致力于改善交通，包括驯化马匹等动物，以及发明船只和马车。

附　录

人类长久以来一直梦想像鸟儿一样飞翔，关于人类飞行的神话（如古希腊神话中代达罗斯和伊卡洛斯的故事）可以追溯到数千年前。然而，直到 20 世纪初我们才真正实现这个梦想。此后，航空技术发展迅速，到 1969 年，人类已经成功登陆月球。然而，在新冠疫情之后，我们却面临设备过剩的局面，大量飞机被闲置在沙漠中，数量超过以往任何时候，其中一些可能再也不会重新启用。

如今，我们面临两个相互关联的挑战。一方面，世界上某些地区在交通方面仍需赶上发达国家的水平，特别是拥有数十亿人口的印度和中国，这些国家的人民渴望拥有更便捷的出行方式。另一方面，为了应对气候危机，我们需要在全球范围内迅速推动低碳化的交通工具。要实现这两个目标，就需要在电动交通工具方面进行大规模投资。理想情况下，印度和中国的新增车辆应该以电动车为主，包括电动摩托车和电动三轮车。实现这一目标并非受限于资金，关键在于我们是否愿意重新分配大量的生产性资源。

THE WORLD
AFTER CAPITAL

参考文献

1854 Broad Street cholera outbreak. (2021, July 30). In Wikipedia.

2019 European heat waves. (2021, July 24). In Wikipedia.

Ablow, K. (2015, November 18). Was the Unabomber correct? Fox News.

Albert Einstein. (2021, August 6). In Wikipedia.

Aleklett, K, Morrissey, D J, Loveland, W, McGaughey, P L, & Seaborg, G T. (1981) Energy dependence of/sup 209/Bi fragmentation in relativistic nuclear collisions. United States.

Alewell, C., Ringeval, B., Ballabio, C. et al. Global phosphorus shortage will be aggravated by soil erosion. Nat Commun 11, 4546 (2020).

Allison, B., & Harkins, S. (2014, November 17). Fixed Fortunes: Biggest corporate political interests spend billions, get trillions. Sunlight Foundation.

AlphaZero. (2020, September 9). In Wikipedia.

Andrews, E. (2018, September 1). What is the oldest known piece of music? HISTORY.

Appleby, M. (2018, December 7). Recommended Levels of Essential Amino Acids.

SF Gate.

Armstrong, M. (2020, August 27). Air Conditioning Biggest Factor in Growing Electricity Demand. Statista.

Ausubel, J. H., Wernick, I. K., & Waggoner, P. E. (2013). Peak Farmland and the Prospect for Land Sparing. Population and Development Review, 38, 221-242.

Backman, M. (2020, February 19). You'll Be Shocked by How Many Americans Have No Retirement Savings at All. The Motley Fool.

Bariso, J. (2020, August 19). Google Has a Plan to Disrupt the College Degree. Inc. Com.

BBC News. (2018, November 6). Facebook admits it was used to "incite offline violence" in Myanmar.

Becker, R. (2017, April 25). An artificial womb successfully grew baby sheep — and humans could be next. The Verge.

Berners-Lee, M. (2019). There Is No Planet B: A Handbook for the Make or Break Years (Illustrated ed.). Cambridge University Press.

Bernstein, A., & Raman, A. (2015, June). The Great Decoupling: An Interview with Erik Brynjolfsson and Andrew McAfee. Harvard Business Review.

Berry, S. M., Carlin, B. P., Lee, J. J., & Muller, P. (2010). Bayesian Adaptive Methods for Clinical Trials (1st ed.). CRC Press.

Bivens, J., & Mishel, L. (2015, September 2). Understanding the Historic Divergence Between Productivity and a Typical Worker's Pay: Why It Matters and Why It's Real. Economic Policy Institute.

Board of Governors of the Federal Reserve System. (2020, May). Report on the Economic Well-Being of U.S. Households in 2019 Featuring Supplemental Data from April 2020. Federal Reserve.

Boldrin, M., & Levine, D. K. (2010). Against Intellectual Monopoly (1st ed.). Cambridge

University Press.

Borowiec, S. (2016, March 15). AlphaGo seals 4-1 victory over Go grandmaster Lee Sedol. The Guardian.

Borunda, A. (2021, July 2). Heat waves kill people—and climate change is making it much, much worse. National Geographic.

British Overseas Airways Corporation. (2020, September 6). In Wikipedia.

Buranyi, S. (2018, February 22). Is the staggeringly profitable business of scientific publishing bad for science? The Guardian.

Bureau of Transportation Statistics. (2017, May). World Motor Vehicle Production.

Cabin pressurization. (2021, July 21). In Wikipedia.

Casais, E. (2010). US federal spending as a share of GDP. Areppim AG.

Case, A., & Deaton, A. (2021). Deaths of Despair and the Future of Capitalism. Princeton University Press. Cavity magnetron. (2021, June 27). In Wikipedia.

CDC. (n.d.). Health and Economic Costs of Chronic Diseases. National Center for Chronic Disease Prevention and Health Promotion. Retrieved August 6, 2021.

Centers for Disease Control (CDC). (2020, February). Fatal Injury and Violence Data. CDC.

Chaisson, C. (2017, December 12). When It Rains, It Pours Raw Sewage into New York City's Waterways. NRDC.

Chamber of Commerce of the United States. (1973). United States Multinational Enterprise Survey.

Chiu, L. (2021, March 22). Declining sperm counts around the world could reach zero in just 24 years. CGTN America.

Church-Turing thesis. (2020, August 3). In Wikipedia.

Climate Central. (2019, May 15). POURING IT ON: How Climate Change Intensifies

Heavy Rain Events.

Cognitive behavioral therapy. (2020, September 29). In Wikipedia.

Constructor theory. (2020, August 24). In Wikipedia.

Crane, J., & Marchese, K. (2015, September 2). 3D opportunity for the supply chain: Additive manufacturing delivers. Deloitte Insights.

Cross, H. (2020, June 17). 9 Most Expensive New York City Restaurants. TripSavvy.

Deazley, R. (2004). On the Origin of the Right to Copy: Charting the Movement of Copyright Law in Eighteenth Century Britain (1695-1775) (First Edition). Hart Publishing.

Deutsch, D. (2011). The Beginning of Infinity: Explanations That Transform the World. Viking Adult.

Dickson, S. (2016, August 17). Ten WWII innovations that changed the world we live in (for the better). The Vintage News.

Discovery doctrine. (2020, September 22). In Wikipedia.

Doyle, A., & Scrutton, A. (2016, April 12). Privacy, what privacy? Many Nordic tax records are a phone call away. Reuters.

Dubock, A. (2019). Golden Rice: To Combat Vitamin A Deficiency for Public Health. Vitamin A. Published.

Escortfighter. (2021, June 6). In Wikipedia.

Ewers, R. M., Scharlemann, J. P. W., Balmford, A., & Green, R. E. (2009). Do increases in agricultural yield spare land for nature?

Global Change Biology, 15(7), 1716-1726.

Federal Reserve Bank of New York. (2020). Household Debt and Credit Report.

Federal Reserve Bank of St. Louis. (2021d, August 11). Consumer Price Index for All Urban Consumers: Durables in U.S. City Average. FRED.

参考文献

Federal Reserve Bank of St. Louis. (2021b, August 26). Gross Domestic Product. FRED.

Federal Reserve Bank of St. Louis. (2021a, August 26). Real Median Household Income in the United States and Gross Domestic Product. FRED.

Federal Reserve Bank of St. Louis. (2021c, June 10). Households and Nonprofit Organizations; Debt Securities and Loans; Liability, Level. FRED.

Federal Reserve Bank of St. Louis. (2021g, March 11). Domestic Financial Sectors; Debt Securities and Loans; Liability, Level. FRED.

Federal Reserve Bank of St. Louis. (2021f, March 11). Nonfinancial Business; Debt Securities and Loans; Liability, Level. FRED.

Federal Reserve Bank of St. Louis. (2021e, March 25). Gross Output of All Industries. FRED.

Fetherston, E., Kinzler, M., & Miller, S. (n.d.). Assembling Our Transportation Future. Gala. Retrieved August 2, 2021.

Flight distance record. (2021, April 7). In Wikipedia. (2021, August 1). In Wikipedia.

Fontinelle, A. (2021, February 11). Auto Loan Balances Hit $1.36 Trillion in 2020. Investopedia.

Gatto, J. T., Grove, R., Rodriguez, D., Ruenzel, D., & Paul, R. (2017). The Underground History of American Education, Volume I: An Intimate Investigation Into the Prison of Modern Schooling. Valor Academy.

Global Migration Data Portal. (2021, June 3). Environmental Migration. Migration Data Portal.

Gold, H. (2017, February 24). Breitbart reveals owners: CEO Larry Solov, the Mercer family and Susie Breitbart.

Great Firewall. (2020, October 2). In Wikipedia. Hamblin, J. (2016, November 30). How Cubans Live as Long as Americans at a Tenth of the Cost. The Atlantic.

Harari, Y. N. (2011). Sapiens: A Brief History of Humankind. - Penguin Random House.

Harding, R. (2020, January 23). Vertical farming finally grows up in Japan. Financial Times.

Harford, B. T. (2017, February 6). Why the falling cost of light matters. BBC News.

Harrison, M. (1998). The Economics of World War II: Six Great Powers in International Comparison (Studies in Macroeconomic History) (Revised ed.). Cambridge University Press.

Hasell, J. (2013, October 10). Famines. Our World in Data.

Haverstock, E. (2020, April 14). Changing FDA rules leave startups in limbo over at-home COVID-19 tests. PitchBook.

History of patent law. (2020, August 14). In Wikipedia.

Holst, A. (2020, December 7). Air conditioners demand worldwide 2012-2018. Statista.

How much oxygen does a person consume in a day? (2000, April 1). HowStu Works.

Hutton, G. (2016, February 12). Can we really put a price on meeting the global targets on drinking-water and sanitation? World Bank Blogs.

Illumina Next Generation Sequencing. (2021). Science Exchange. Inglehart, R., & Norris, P. (2016). Trump, Brexit, and the Rise of Populism: Economic Have-Nots and Cultural Backlash. *SSRN Electronic Journal*.

International Iron and Steel Institute. (1991). Steel statistical yearbook. Brussels: The Institute.

International Iron and Steel Institute. (2001). Steel statistical yearbook. Brussels: The Institute.

Jedlicka, P. (2017, October 24). Revisiting the Quantum Brain - Hypothesis: Toward Quantum (Neuro)biology? Frontiers.

Johnson, S. (2007). The Ghost Map: The Story of London's Most Terrifying Epidemic--and How It Changed Science, Cities, and the Modern World. Riverhead Books.

Johnson, S. (2015, August 19). The Creative Apocalypse That Wasn't. *The New York Times*.

Johnson, S. (2021). Extra Life: A Short History of Living Longer. Riverhead Books.

Joint Center for Housing Studies of Harvard University. (2020). America's Rental Housing.

Juan García (2009) An integrated approach to the design and operation of low capacity sewage treatment works, Desalination and Water Treatment, 4:1-3, 28-32.

Kahneman, D. (2013). Thinking, Fast and Slow (1st ed.). Farrar, Straus and Giroux.

Kamal, B. (2017, August 21). Climate Migrants Might Reach One Billion by 2050. ReliefWeb.

Kang, C. (2017, April 26). F.C.C. Chairman Pushes Sweeping Changes to Net Neutrality Rules. *The New York Times*.

Kaufman, L., Rojanasakul, M., Warren, H., Kao, J., Harris, B., & Gopal, P. (2020, June 29). Mapping America's Underwater Real Estate. Bloomberg.

Kemp, S. (2020, January). Digital 2020: 3.8 billion people use social media. We Are Social.

Keynes, J. M. (1932). Essays in persuasion. New York: Harcourt, Brace and Co.

Kilby, E.R. (2007). The demographics of the U.S. equine population. In D.J. Salem & A.N. Rowan (Eds.), The state of the animals 2007 (pp. 175-205). Washington, DC: Humane Society Press.

Kinsella, S. (2013, December 1). Study: Most Important Innovations Are Not Patented. The Center for the Study of Innovative Freedom.

Kopp, C. (2021, February 12). Creative Destruction Definition. Investopedia.

Krivit, S., & Ravnitzky, M. (2016, December 7). It's Not Cold Fusion… But It's Something. Scientific American Blog Network.

Lahart, J. (2011, December 10). Number of the Week: Finance's Share of Economy Continues to Grow. WSJ.

Large Hadron Collider. (2021, July 23). In Wikipedia.

Leonhardt, M. (2020, January 22). 41% of Americans would be able to cover a $1,000 emergency with savings. CNBC.

Leontief, W. (1952). MACHINES AND MAN. Scientific American, 187(3), 150-164.

Lepley, S. (2019, May 30). 9 mind-blowing facts about the US farming industry. Markets.Businessinsider.Com.

Lewis, N. (2018, December 17). The Financial System Should Be Less Than Half The Size of Today. *Forbes*.

Liptak, A. (2017, May 22). Supreme Court Ruling Could Hinder 'Patent Trolls.' *The New York Times*.

List of public corporations by market capitalization. (2020, September 1). In Wikipedia.

London sewerage system. (2021, July 24). In Wikipedia.

Macguire, B. F. E. C. (2014, October 24). Houses given away for free in Detroit. CNN.

Malthus, T. R. (1798). Essay on the Principle of Population.

Manthorpe, R. (2018, April 17). What is Open Banking and PSD2? WIRED explains. WIRED UK.

Marr, B. (2019, September 5). How Much Data Do We Create Every Day? The Mind-Blowing Stats Everyone Should Read. *Forbes*.

Marx, K. & Engels, F. (1998). The German Ideology, 1845. Prometheus Books.

McCandless, D. (2020, December 9). World's Biggest Data Breaches & Hacks.

Information Is Beautiful.

McClintock, L. (2020, March 10). How Meditation Changes the Brain. Psych Central.

Mearns, E. (2013, November 3). Energiewende: Germany, UK, France and Spain. Energy Matters.

Michael Faraday. (2021, August 6). In Wikipedia.

Military budget of the United States. (2020, September 7). In Wikipedia.

MIMO. (2020, August 29). In Wikipedia.

Minimally invasive education. (2021, July 5). In Wikipedia.

Mobile Price List In India. (n.d.). 91 Mobiles. Retrieved August 27, 2021.

Mosse, R. (2015, December 21). The Genesis Engine. Wired.

Motorlease. (n.d.). The Rise of the SUVs. Motorlease Fleet Management & Leasing Solutions. Retrieved August 7, 2021.

Motorola DynaTAC. (2021, June 30). In Wikipedia.

Mullins, R. (2012). What is a Turing machine? University of - Cambridge.

Napster Settlement Offer Rejected. (2001, March 6). CBS News.

NASA. (2018, December). Journey to Mars: Pioneering Next Steps in Space Exploration.

National Center for Health Statistics. (2019). National Vital Statistics System.

National Institutes of Health. (2021, August 4). Office of Dietary Supplements - Omega-3 Fatty Acids.

Neuroscience News. (2018, December 3). Man Versus Machine: Who Wins When It Comes to Facial Recognition?

Nipps, K. (2014). Cum privilegio: Licensing of the Press Act of 1662. The Library

Quarterly, 84(4), 494-500.

Nordhaus,W. (1994). Do Real Output and Real Wage Measures - Capture Reality? The History of Lighting.

Suggests Not, Cowles Foundation Discussion Papers 1078, Cowles Foundation for Research in Economics, Yale University.

O'Dea, S. (2021, June 2). Smartphone penetration worldwide 2020. Statista.

O'Dell, R., & Penzenstadler, N. (2019, April 4). You elected them to write new laws. They're letting corporations do it instead. Center for Public Integrity.

O'Toole, G. (2011, November 16). "How Will You Get Robots to Pay Union Dues?" "How Will You Get Robots to Buy Cars?" Quote Investigator.

OECD (2019)._ Health resources - Pharmaceutical spending._ OECD Data.

OECD (2020). Details of Tax Revenue - United States. OECD Stats.

OECD (2021a), General government spending (indicator). doi:10.1787/a31cbf4d-en (Accessed on 07 July 2021)

OECD (2021b, July). OECD Statistics - Health expenditure and. financing. OECD Stat.

Ord, T. (2020). The Precipice: Existential Risk and the Future of Humanity. Hachette Books. Orlo Salon. (n.d.). Orlo Salon Price List. Orlo Salon.

Orrall, J. (2020, September 27). Houses 3D-printed in just 24 hours now shipping in California. CNET.

Our World in Data. (2019). World Population over the last 12,000 years and UN projection until 2100.

Our World in Data. (n.d.). Literate and illiterate world population. Retrieved August 7, 2021.

Paine, T. (1797). Agrarian Justice. London: Paris printed by W. Adlard, London reprinted for T. Williams Palimpsest. (2021, June 30). In Wikipedia.

Pariser, E. (2021). The Filter Bubble. Penguin Random House.

Parkin, S. (2020, April 2). The Artificially Intelligent Doctor Will Hear You Now. MIT Technology Review.

Penicillin. (2021, July 30). In Wikipedia.

_Personalized Genes. (2015, June 24). _Comparing Price and Tech. Specs. of Illumina MiSeq, Ion Torrent PGM, 454 GS Junior, and PacBio RS.

Pezzutto, S. (2019). Confucianism and Capitalist Development: From Max Weber and Orientalism to Lee Kuan Yew and New Confucianism. Asian Studies Review, 43(2), 224-238.

Phillips, P. J et al., (2018). Face recognition accuracy of forensic examiners, super recognizers, and face recognition algorithms. Proceedings of the National Academy of Sciences, 115(24), 6171-6176.

POLITICO.

Powers, W., & Roy, D. (2018, March 19). The Incredible Jun: A Town that Runs on Social Media. Medium.

Ramankutty, N. et al., (2018). Trends in Global Agricultural Land Use: Implications for Environmental Health and Food Security. Annual Review of Plant Biology, 69(1), 789-815.

Redfiag traffic laws. (2020, July 2). In Wikipedia.

Ritchie, H. (2019, November 13). Land Use. Our World in Data. Ritchie, H., & Roser, M. (2021, July 1). Sanitation. Our World in Data.

Rodrick, S. (2019, December 23). All-American Despair. Rolling Stone.

Romine, S. (2019, March 29). Essential Nutrients: What Are They & How Much Do You Need? Openfit.

Roser, M. (2013, December 10). Light at Night. Our World in Data. Roser, M. (2017, December 2). Fertility Rate. Our World in Data.

Roser, M. (2019a, November). Future Population Growth. Our World in Data.

Roser, M. (2019b, October). Life Expectancy. Our World in Data.

Roser, M., & Ortiz-Ospina E (2013, May 25). Global Extreme Poverty. Our World in Data.

Roser, M., & Ritchie, H. (2013, May 11). Technological Progress. Our World in Data.

Rostad, N. (2018, April). In Mexico, satellite and Wi-Fi come to - gether to bring internet to remote areas. Viasat.

Roy, P. (2019, March 18). Mobile data: Why India has the world's cheapest. BBC News.

S. (2013, October 30). Culture Shock in China - Bathrooms. Chinese Language Blog.

Sample, I. (2018, February 14). Harvard University says it can't afford journal publishers' prices. The Guardian.

Seligson, K. (2019, May 20). Misreading the story of climate change and the Maya. The Conversation.

Shin, D. D., & Kim, S. I. (2019). Homo Curious: Curious or Interested? Educational Psychology Review, 31(4), 853-874.

Shrinivasan, R. (2013, May 1). Farmer population falls by 9 million in 10 years. The Times of India.

Simon, C. (2020, February 28). New clues about how and why the Maya culture collapsed. Harvard Gazette.

Skidelsky, R., & Skidelsky, E. (2013). How Much is Enough?: Money and the Good Life. Other Press.

Slaton, J. (1999, January 13). A Mickey Mouse Copyright Law? Wired.

参考文献

Slotta, D. (2020, November 26). Number of newly built apartments in China 2009-2019. Statista.

Smith, D. (2020, August 27). Despite Streaming, US Recorded Music Revenues Still Down 50% From 1999 Peaks. Digital Music News.

Smog kills thousands in England. (2020, December 4). HISTORY.

Solar wind. (2021, July 18). In Wikipedia.

Sony Music - Overview, News & Competitors. (n.d.). ZoomInfo.

Statista. (2020, December 3). Number of mobile subscriptions worldwide 1993-2019.

Statista. (2021a, February 2). Global module manufacturing production 2000-2019.

Statista. (2021b, May 10). Smartphone penetration rate in India FY 2016-2020, with estimates until 2025.

Steven W. Henderson, "Consumer spending in World War II: the forgotten consumer expenditure surveys," Monthly Labor Review, U.S. Bureau of Labor Statistics, August 2015.

Stoller, M. (2020, April 9). The Cantillon Effect: Why Wall Street Gets a Bailout and You Don't. BIG by Matt Stoller.

Substance Abuse and Mental Health Services Administration. (2020). Key substance use and mental health indicators in the United States: Results from the 2019 National Survey on Drug Use and Health (HHS Publication No. PEP20-07-01-001, NSDUH Series H-55). Rockville, MD: Center for Behavioral Health Statistics and Quality, Substance Abuse and Mental Health Services Administration.

Suicide statistics. (2019, November 15). American Foundation for Suicide Prevention.

Szalavitz, M. (2017, June 14). Why Disappointment Is So Devastating: Dopamine, Addiction, and the Hedonic Treadmill. Pacific Standard.

The American Academy of Actuaries. (2018, March). Prescription Drug Spending in the U.S. Health Care System. American Academy of Actuaries.

The Economist. (2016, January 28). Machine earning.

The Nielsen Total Audience Report. (2020, August 13). Nielsen.

The U.S. National Archives and Records Administration. (n.d.). When You Ride Alone You Ride With Hitler! National Archives. Retrieved August 2, 2021.

Tim Berners-Lee. (n.d.). W3C.

Timpson, Christopher G. "Quantum Computers: The Church-Turing Hypothesis Versus the Turing Principle." Alan Turing: Life and Legacy of a Great Thinker, Springer Berlin Heidelberg, 2004, pp. 213-40.

Twomey, C., & O'Reilly, G. (2017). Associations of Self-Presentation on Facebook with Mental Health and Personality Variables: A Systematic Review. Cyberpsychology, Behavior, and Social Networking, 20(10), 587-595.

U.S. Bureau of Economic Analysis. (2020, February). Gross Domestic Product, Fourth Quarter and Year 2019 (Second Estimate), U.S. Bureau of Economic Analysis (BEA).

U.S. Bureau of the Census, Statistical Abstract of the United States: 1949_. (Seventh edition.) Washington, D.C.

U.S. Census Bureau. (2019, July). U.S. Census Bureau QuickFacts: United States. Census Bureau Quick Facts.

U.S. Copyright Office. (2019, December). Circular 1: Copyright Basics," U.S. Copyright Office.

U.S. Department of Agriculture and U.S. Department of Health and Human Services. (2015, December). 2015—2020 Dietary Guidelines for Americans (8th Edition).

U.S. Environmental Protection Agency (EPA). (2021, July 2). Aluminum: Material-Specific Data. US EPA.

United Nations Environment Programme (UNEP) & The Global Alliance for Buildings and Construction (GABC). (2017, November). Towards zero-emission efficient and resilient buildings - Global Status Report 2016. United Nations Environment Programme.

United Nations, Department of Economic and Social Affairs, Population Division (2019). World Population Prospects 2019, Online Edition. Rev. 1.

Universal Music - Overview, News & Competitors. (n.d.). ZoomInfo.

Unschooling. (2021, August 5). In Wikipedia.

Urmson, C. (2012, August 7). The self-driving car logs more miles on new wheels. Official Google Blog.

USDA. (n.d.)._ USDA ERS - Ag and Food Sectors and the Economy. U.S Department of Agriculture._ Retrieved August 4, 2021.

Van Alstyne, M. & Brynjolfsson, E. (2005). Global Village or Cyber-Balkans? Modeling and Measuring the Integration of Electronic Communities. Management Science Vol. 51, No. 6, 851-868.

Vincent, J. (2016, February 8). Facebook's Free Basics service has been banned in India. The Verge.

Vosoughi, S., Roy, D., & Aral, S. (2018). The spread of true and false news online. Science, 359(6380), 1146–1151.

Warner Music Group - Company Profile and News, (n.d.). Bloomberg.

Water: How much should you drink every day? (2020, October 14). Mayo Clinic.

Wenger, A. (2011, October 3). Needed: The Opposing View Reader. Continuations by Albert Wenger.

Wenger, A. (2012, January 26). Supermodularity And Service Bundling. Continuations by Albert Wenger.

Wenger, A. (2017a, July 31). VPNs and Informational Freedom. Continuations by

资本之后的世界
THE WORLD AFTER CAPITAL

Albert Wenger.

Wenger, A. (2017b, March 24). Government Just Gave Your ISP Even More Power: You Can Take it Back! Continuations by Albert Wenger.

White, A. (2021, May 4). Credit card debt in the U.S. hits all-time high of $930 billion—here's how to tackle yours with a balance transfer. CNBC.

White, R. (2019, October 7). Ancient Maya Canals and Fields Show Early and Extensive Impacts on Tropical Forests. UT News.

Whitford, E. (2015, September 10). Judge: Uber's E-Hails Are Legal, Taxi Industry Must Be "Wary." Gothamist.

Willyard, C. (2019, December 20). Lyme Vaccines Show New Promise, and Face Old Challenges. Undark Magazine.

Wong, J. I. (2016, April 7). A fleet of trucks just drove themselves across Europe. Quartz.

World Bank. (2020a). GDP per capita, PPP. World Bank – World Development Indicators.

World Bank. (2020c). Gross capital formation. World Bank – World Development Indicators.

World Bank. (2020b). Mortality rate, under-5. World Bank – World Development Indicators.

World Health Organization. (n.d.). Air pollution.

World Population Clock: 7.9 Billion People (2021) - Worldometer. (n.d.). World Meters.

World Steel Association. (2021, January 26). Global crude steel output decreases by 0.9% in 2020. World Steel.

Worldsteel Committee on Economic Studies. (2011). Steel Statistical Yearbook 2011. World Steel Association.

参考文献

Wright brothers. (2020, August 25). In Wikipedia.

Wulstan, D. (1971). The Earliest Musical Notation. Music & Letters, 52(4), 365-382. Retrieved May 8, 2021.

Xue, L. (2019, October 11). Hainan Bans All Fossil Fuel Vehicles. What Does it Mean for Clean Transport in China? TheCityFix.

Yoon, Y. B., Bae, D., Kwak, S., Hwang, W. J., Cho, K. I. K., Lim, K. O., Park, H. Y., Lee, T. Y., Kim, S. N., & Kwon, J. S. (2019). Plastic Changes in the White Matter Induced by Templestay, a 4-Day Intensive Mindfulness Meditation Program. Mindfulness, 10(11), 2294-2301.

Zorabedian, J. (2015, July 17). Why this doctor posted his medical history online for anyone to see. Naked Security.

未来，属于终身学习者

我们正在亲历前所未有的变革——互联网改变了信息传递的方式，指数级技术快速发展并颠覆商业世界，人工智能正在侵占越来越多的人类领地。

面对这些变化，我们需要问自己：未来需要什么样的人才？

答案是，成为终身学习者。终身学习意味着永不停歇地追求全面的知识结构、强大的逻辑思考能力和敏锐的感知力。这是一种能够在不断变化中随时重建、更新认知体系的能力。阅读，无疑是帮助我们提高这种能力的最佳途径。

在充满不确定性的时代，答案并不总是简单地出现在书本之中。"读万卷书"不仅要亲自阅读、广泛阅读，也需要我们深入探索好书的内部世界，让知识不再局限于书本之中。

湛庐阅读 App: 与最聪明的人共同进化

我们现在推出全新的湛庐阅读 App，它将成为您在书本之外，践行终身学习的场所。

- 不用考虑"读什么"。这里汇集了湛庐所有纸质书、电子书、有声书和各种阅读服务。
- 可以学习"怎么读"。我们提供包括课程、精读班和讲书在内的全方位阅读解决方案。
- 谁来领读？您能最先了解到作者、译者、专家等大咖的前沿洞见，他们是高质量思想的源泉。
- 与谁共读？您将加入优秀的读者和终身学习者的行列，他们对阅读和学习具有持久的热情和源源不断的动力。

在湛庐阅读 App 首页，编辑为您精选了经典书目和优质音视频内容，每天早、中、晚更新，满足您不间断的阅读需求。

【特别专题】【主题书单】【人物特写】等原创专栏，提供专业、深度的解读和选书参考，回应社会议题，是您了解湛庐近千位重要作者思想的独家渠道。

在每本图书的详情页，您将通过深度导读栏目【专家视点】【深度访谈】和【书评】读懂、读透一本好书。

通过这个不设限的学习平台，您在任何时间、任何地点都能获得有价值的思想，并通过阅读实现终身学习。我们邀您共建一个与最聪明的人共同进化的社区，使其成为先进思想交汇的聚集地，这正是我们的使命和价值所在。

CHEERS

湛庐阅读 App
使用指南

读什么
- 纸质书
- 电子书
- 有声书

怎么读
- 课程
- 精读班
- 讲书
- 测一测
- 参考文献
- 图片资料

与谁共读
- 主题书单
- 特别专题
- 人物特写
- 日更专栏
- 编辑推荐

谁来领读
- 专家视点
- 深度访谈
- 书评
- 精彩视频

HERE COMES EVERYBODY

下载湛庐阅读 App
一站获取阅读服务

THE WORLD AFTER CAPITAL by Albert Wenger

Copyright © 2021 by Albert Wenger

All rights reserved.

本书中文简体字版经授权在中华人民共和国境内独家出版发行。未经出版者书面许可，不得以任何方式抄袭、复制或节录本书中的任何部分。

北京市版权局著作权合同登记号　图字：01-2024-5770

版权所有，侵权必究

本书法律顾问　北京市盈科律师事务所　崔爽律师

图书在版编目（CIP）数据

资本之后的世界 ／（美）阿尔伯特·温格著；芦义译. -- 北京：中国财政经济出版社，2025.3（2025.4重印）. -- ISBN 978-7-5223-3754-8

Ⅰ．F113.4

中国国家版本馆CIP数据核字第2025A6T906号

责任编辑：尉　敏　　　　　　　责任校对：张　凡
封面设计：2728 Design　　　　　责任印制：张　健

资本之后的世界
ZIBEN ZHIHOU DE SHIJIE

中国财政经济出版社　出版

URL：http://www.cfeph.cn
E-mail：cfeph@cfemg.cn
（版权所有　翻印必究）

社址：北京市海淀区阜成路甲28号　邮政编码：100142
营销中心电话：010-88191522
天猫网店：中国财政经济出版社旗舰店
网址：https://zgczjjcbs.tmall.com
河北鹏润印刷有限公司印装　各地新华书店经销
成品尺寸：170mm×230mm　16开　20.75印张　258 000字
2025年3月第1版　　2025年4月河北第2次印刷
定价：109.90元
ISBN 978-7-5223-3754-8
（图书出现印装问题，本社负责调换，电话：010-88190548）
本社图书质量投诉电话：010-88190744
打击盗版举报热线：010-88191661　　QQ：2242791300